OULD HARAM

Ouvrage dirigé par Vincent Laudet
Couverture : Christophe Petit

34-36, rue La Pérouse
75116 - Paris
www.hugoetcie.fr

ISBN : 9782755693423
Dépôt légal : février 2022

SERGE MARQUET

OULD HARAM

L'enfant du péché

Hugo Doc

Première partie

JAMIL

– Que Dieu soit remercié, tu es enceinte d'au moins quatre mois, comment ne t'en es-tu pas aperçue plus tôt ? s'étonna le vieux médecin, indulgent et patelin. Ton mari sera content, surtout si tu lui donnes un fils, *Inch'Allah*[1] ! Ce que je te souhaite sincèrement, ajouta-t-il avec un grand sourire.

Comme chaque fois qu'il confirmait une grossesse aux futures mamans, éperdues de bonheur, il était heureux pour cette très jolie jeune femme vêtue à l'européenne dont l'élégance et les manières délicates contrastaient avec ses patientes habituelles et qui était si agréablement parfumée : un subtil cocktail de citron et de mandarine.

– *Inch'Allah* ! répétait-il, ravi.

1. Si Dieu le veut !

LATIFA

Elle se mordit l'intérieur de la joue pour ne rien laisser paraître et se donner le temps de reprendre ses esprits. Le ciel venait de lui tomber sur la tête : elle était anéantie. Cette fille de grands bourgeois marocains n'avait pas de mari. Elle avait choisi ce vieux médecin d'un quartier populaire de Casa, car elle était sûre qu'il ne connaîtrait pas sa famille.

Soudain, elle réalisa que l'âcre odeur de musc et d'oranger synthétique qui l'incommodait, à la limite de la nausée depuis le début de la visite, se dégageait d'un brûle-parfum bon marché posé sur le bureau du vieux médecin.

Quelle solution ? Avorter en France, mais était-il encore temps ? Et comment justifier ce voyage auprès de sa famille, comment obtenir un visa ? Sur le chemin du retour en direction de La Corniche, le quartier chic où vivaient ses parents, elle échafaudait toutes les hypothèses. Et d'abord, quelle allait être la réaction d'Hamoud ?

Pour le moment, rien dans son aspect physique n'avait changé. Elle avait conservé – ou presque – sa taille de guêpe et avait su dissimuler à son entourage les premières nausées qui l'avaient alertée. Mais elle était bien consciente que le répit serait de courte durée.

Hamoud, ce Berbère de France, ne lui avait rien promis. Elle le voyait régulièrement depuis presque deux ans, à chacun de ses séjours au bled où il venait surveiller ses récoltes et encaisser ses loyers. Ses visites étaient nécessaires pour contenir la rapacité de sa nombreuse famille, prompte à profiter au maximum de ses absences. Elle savait qu'en France il avait également développé une affaire prospère dont elle ignorait presque tout, comme d'ailleurs son mode de vie.

La mère d'Hamoud habitait toujours au bled, « dans les montagnes » lui avait-il dit, au bout d'une piste sans asphalte, sans électricité, où l'eau se tirait au puits. Aux confins du monde moderne. Latifa ne la connaissait pas, mais comprenait bien pourquoi Hamoud s'était exilé. En France, là-bas, au moins n'était-il plus « ce blédard ».

Rien à voir avec l'opulente famille de Latifa, citadine depuis plusieurs générations, ouverte et cultivée, mais où les filles, cependant, demeuraient prisonnières du carcan pesant des traditions, de la morale et de la décence, lequel ne laisse aucune place aux filles-mères.

KHADIJA

Au téléphone depuis la France, Hamoud l'écoutait, mais ne disait rien. Son silence devenait pesant. « Bien sûr, cela devait finir par arriver ! », se désolait-il intérieurement. Enfin, il répondit d'une voix blanche :

– Ne t'inquiète pas, nous allons trouver une solution.

Son crâne bouillonnait. Ce qu'il n'avait pas encore dit à Latifa, c'est qu'il était déjà marié en France, à une Berbère qu'il avait fait venir de la vallée de Zagora dont lui-même était originaire. Après d'âpres négociations sur le montant de la dot et le poids de la ceinture en or de la fiancée, le mariage au bled avait donné lieu à de grandes réjouissances pendant trois jours. Il concrétisait l'alliance de deux familles honorables et innombrables. Le couple s'était ensuite installé en France, dans la banlieue de Colmar. Khadija, son épouse donc, ne quittait guère la coquette maison familiale située bien à l'écart de la cité, laquelle était dominée par les familles algériennes qu'ils fréquentaient le moins possible. Elle avait déjà donné à son époux cinq beaux enfants, tous nés en France, dont l'éducation lui donnait vraiment beaucoup de travail. Elle passait ses journées à cuisiner les mêmes recettes que sa mère, à dépoussiérer de fond en comble tout ce qui pouvait l'être, à houspiller les enfants désobéissants et à recevoir, pour d'infinies palabres, d'autres femmes berbères, nombreuses dans ce coin de France. Comme toute la famille, elle prêtait aussi la main à la préparation des poulets dont son mari faisait un commerce réputé. Forte femme – une tigresse quand il s'agissait de protéger ou de défendre ses enfants –, elle régnait en maîtresse dans son foyer.

Chaque printemps, Khadija changeait la vaisselle et les housses du salon arabe, parfois le salon lui-même, une obligation pour toute femme berbère de bonne condition. Cela donnait l'occasion de nombreuses réunions entre voisines, à la maison, au cours desquelles on buvait le thé accompagné des pâtisseries qu'elle avait préparées. Et, surtout, on négociait sans fin la revente du service de table périmé et des housses aux motifs exubérants de l'année précédente. Hamoud connaissait les meilleurs artisans du Maroc et ne lésinait pas sur les prix quand il s'agissait de faire plaisir à sa femme, achetant par là même sa tranquillité. La vaisselle de Khadija était donc toujours la plus belle, ce dont elle n'était pas peu fière. Les services (celui d'apparat exposé dans le vaisselier du grand salon, tout comme celui de tous les jours) faisaient l'envie de la communauté marocaine et aussi des voisines algériennes et tunisiennes de la cité qui la jalousaient. Chaque année, les femmes se pressaient donc plus nombreuses pour en acquérir quelques pièces. Des disputes éclataient parfois entre acheteuses, que Khadija arbitrait sans appel.

Influente et admirée parmi les femmes de la communauté, souveraine chez elle, Khadija était cependant une épouse soumise pour ce qui ne relevait pas de l'organisation de son intérieur et, bien sûr, pour toutes les décisions vraiment importantes dont on sait que seuls les hommes peuvent les prendre.

Elle était fière des enfants que son mari lui avait déjà donnés, « *Hamdoullah*[2] *!* ». Surtout de son fils. On devinait déjà qu'il serait un colosse : bien que quatrième de la fratrie, il avait rapidement pris l'ascendant sur ses sœurs. Elle élevait tout ce petit monde dans le dialecte berbère ancien que l'on parle à Zagora. Elle-même s'exprimait mal en arabe, et encore moins bien en français, une langue que les enfants découvraient chacun à leur tour, avec plus ou moins de bonheur, sur les bancs de l'école de la République.

Plusieurs fois par an, on sollicitait Khadija pour l'organisation de somptueux mariages traditionnels à l'occasion desquels elle briquait, pour les louer à prix d'or, le magnifique trône double en argent ouvragé, accompagné de son dais et de son estrade, entreposés tout le reste de l'année dans le garage. C'est elle également qui préparait les sept robes, commandées à Fès, qu'allait devoir successivement revêtir la promise au cours de la soirée. On appréciait son habileté à modifier la coiffure et le maquillage de la mariée ainsi qu'à la rhabiller en

2. Grâce à Dieu !

vingt minutes à chaque changement de robe, là où ses concurrentes mettaient trois quarts d'heure, à la grande impatience des invités. Elle prodiguait également ses conseils pour le menu dans lequel les poulets d'Hamoud tenaient bien évidemment le rôle principal.

Chaque année, elle se rendait au bled avec Hamoud et la marmaille au complet, pour les vacances. C'était une véritable expédition à travers l'Espagne, à bord du Renault Trafic bourré jusqu'au toit de cadeaux pour leurs deux familles.

Bref, Khadija était une femme comblée dont le tour de taille opulent reflétait le bonheur croissant.

HAMOUD

Grand, viril, portant beau, prospère dans ses affaires, vivant en France depuis déjà de nombreuses années, Hamoud suscitait les convoitises et attirait le regard des femmes du bled à chacun de ses séjours. En quête d'ascension sociale, il s'était marié une première fois au Maroc avec une femme de la ville, qui s'était enfuie au bout d'une semaine en découvrant, horrifiée, sa belle-famille et le bled profond. Il avait dû la répudier et même dédommager la famille, un comble ! Échaudé, il s'en était alors sagement remis aux anciens du clan, dans son village d'origine, pour lui choisir une nouvelle femme présentant toutes les qualités requises d'une épouse berbère parfaite et docile.

La poitrine généreuse, les hanches larges et bien arrondies, la croupe épanouie – Hamoud n'ayant toujours pas de fils à presque trente ans –, la famille lui choisit avec soin la meilleure poulinière, sans mégoter sur la dot.

C'est ainsi qu'il épousa Khadija à qui fut remise la ceinture d'or finement ciselée destinée à être exhibée fièrement, par la suite, lors de tous les grands événements de la communauté. Ladite ceinture constituant par ailleurs une partie conséquente de la dot de la mariée et son assurance en cas de répudiation ou de veuvage.

Satisfait de leurs premiers mois de vie commune, il la fit venir en France dès qu'il y fut lui-même solidement établi, près de Colmar.

Au pays des *gwères*[3], après une première passe d'armes chez Peugeot, comme tout le monde dans la région, je veux dire tous les immigrés, il avait rapidement monté et développé son propre commerce de poulets à la broche qu'il vendait sur les marchés, dans un camion-rôtissoire. Les volatiles d'Hamoud avaient très rapidement acquis une solide réputation. Si bien qu'il put acheter des remorques de plus en plus sophistiquées qui lui permettaient de rayonner sur les grands marchés de la région. La dernière, une « remorque freinée » spectaculaire, comportait une chambre froide géante permettant d'alimenter quatre rôtissoires de quarante-deux poulets chacune, chauffées au feu de bois et conformes aux normes d'hygiène et d'incendie les plus strictes.

À la maison, femme et enfants étaient mobilisés pour les poulets. Hamoud, en effet, avait mis au point un procédé de fabrication qui lui était propre et dont il ne pouvait partager le secret avec personne, sauf, bien évidemment, les membres de la famille qu'il mettait donc à contribution. Sous le sceau du secret, l'une de ses filles

3. Français de souche.

me révéla, des années plus tard, une partie de la recette d'Hamoud : « Avant d'être rôtis, les poulets du Bouille sont d'abord lavés au jus de citron, puis immergés dans un bain d'huile et frottés au gros sel. Ensuite, ils marinent toute une nuit dans une préparation épicée dont la recette lui vient de notre arrière-grand-mère, m'expliqua-t-elle. En tout, il faut quatre bains. Après cela, les poulets maturent au moins deux jours entiers en chambre froide. » Enfin, ils étaient frottés et farcis au beurre juste avant la cuisson. Le résultat était incomparable et justifiait un prix de vente élevé.

De surcroît, bios avant la mode, les poulets d'Hamoud étaient élevés en plein air par son frère dans les collines franc-comtoises. Ils étaient ensuite sacrifiés et plumés dans l'abattoir familial, une annexe de la maison elle aussi construite selon les normes les plus rigoureuses.

En effet, Hamoud et Khadija ne badinaient pas avec l'hygiène, ainsi que le constataient les autorités sanitaires, pourtant soupçonneuses, lors de chacun des contrôles annuels. C'est pourquoi, les *gwères* autant que les beurs faisaient la queue à chaque apparition du camion-rôtissoire sur les marchés.

En bon Berbère, Hamoud réinvestissait l'essentiel de ses profits au bled où il avait acquis terrains agricoles et appartements à louer. Il en confiait la gestion courante à ses frères demeurés sur place. Il eut également la bonne fortune d'acheter, pour une bouchée de pain, un terrain à l'endroit même où les autorités eurent plus tard la bonne idée de construire le nouvel aéroport. Ce qui lui permit de réaliser une jolie plus-value.

Hamoud, donc, voyageait beaucoup entre la France et le Maroc. Bien que très heureux dans son ménage et en dépit de son premier échec matrimonial cuisant, il demeurait fortement attiré par les jolies femmes affranchies (ou prétendues telles) de Casa où le menaient fréquemment ses affaires.

C'est ainsi qu'il rencontra Latifa, l'étudiante au caractère bien trempé, en pleine rébellion contre les pesanteurs familiales et les traditions hypocrites. Elle fut immédiatement séduite par le bellâtre plus âgé, dont l'entregent, les manières de baroudeur et la conversation la changeaient des ennuyeuses réunions familiales, tout comme de la futilité de ses camarades de fac.

De son côté, il était flatté de l'intérêt que lui portait la belle étudiante aux allures si distinguées, dont la liberté apparente de comportement l'arrangeait bien.

Hamoud et Latifa filaient donc le parfait amour, par intermittence, à l'occasion des séjours de plus en plus fréquents d'Hamoud au Maroc.

Depuis presque deux ans, les amants vivaient leur histoire en toute discrétion et au jour le jour. Ils n'avaient établi aucun projet d'avenir. Latifa terminerait ses études et verrait bien après. Au mariage, elle ne pensait évidemment pas, en dépit des fréquentes allusions de ses parents qui avaient, de leur côté, entamé discrètement leur recherche du meilleur parti. Cependant, les filles devant arriver intactes dans le lit nuptial et surtout prouver leur virginité à la belle-famille en exhibant le drap taché, les jeux sexuels des deux amants furent au départ très précautionneux. À la marocaine : caresses, baisers, fellation, sodomie, rien de compromettant. Un jour, pourtant, il sut la convaincre d'aller plus loin, et un autre jour encore. Après tout, se rassurait-elle, il est aujourd'hui possible de recoudre les jeunes filles non vierges et la future belle-famille n'y verrait que du feu. Il suffisait d'une bonne adresse et d'un peu d'argent, ce dont les amants ne manquaient pas.

Ainsi, autant en France qu'au Maroc, Hamoud était-il un homme à la fois prospère et sentimentalement comblé.

DEUXIÈME ÉPOUSE ?

Au bout de quelques jours d'angoisse et d'insomnie de part et d'autre de la Méditerranée, c'est Hamoud, depuis Colmar, qui rappela :

– Je me suis renseigné, en France, tu ne pourras pas avorter : les délais légaux sont largement dépassés. Tu vas devoir porter l'enfant jusqu'au terme, expliqua-t-il à Latifa, affolée.

Quelques jours plus tard, il l'appela à nouveau, se résolvant à lui parler de sa vie en France, du pavillon avec l'abattoir à poulets et à lui révéler, enfin !, l'existence de Khadija et de ses cinq enfants.

Latifa encaissa le coup. Elle comprit qu'elle avait vraiment tout faux.

– Comme tu le sais, en France, je ne pourrai pas t'épouser, c'est la loi des *gwères*, expliqua-t-il. Mais c'est possible au Maroc, je peux avoir une seconde épouse, à condition bien sûr, d'obtenir l'accord de Khadija, ajouta-t-il.

« Mais ce n'est pas gagné ! », pensa-t-il tout bas. Il savait qu'en effet, le consentement de la première épouse était désormais requis au Maroc. Il réfléchissait à voix haute.

– Dans ce cas, dit-il enfin, tu devras rester vivre sur place, mais nous n'aurons plus besoin de nous cacher.

Cette solution lui paraissait équitable : il avait les moyens de subvenir aux besoins de deux foyers.

– Je te donnerai une maison et nous pourrons nous voir à chacun de mes voyages qui seront plus fréquents. Et le reste du temps, tu pourras compter sur ma famille au bled, lui promit-il.

Latifa réfléchit à toute vitesse : devenir au bled la seconde épouse d'un équarisseur de poulets franco-marocain, avec une belle-famille vivant au désert à l'âge de pierre, n'était pas du tout ce dont l'étudiante avait rêvé. Elle réalisait à quel point elle avait été naïve, ignorant tout de la vie en France de son amant. Mais aujourd'hui, quel choix avait-elle ?

Et quelles allaient être les réactions de sa propre famille, qu'il allait bien falloir mettre au courant ? Surtout de son père ! Pour lui, un mariage de sa fille avec Hamoud, ce blédard parvenu, de surcroît en tant que seconde épouse, serait une mésalliance impossible à supporter. Inversement, la condition de mère célibataire pour sa fille constituerait pour lui un complet déshonneur ! Les deux solutions lui seraient également préjudiciables, aussi bien pour son rang dans la bonne société que pour sa carrière.

Il y a bien une alternative, envisageait-elle, désespérée : convoler avec Karim, son ami d'enfance et cousin éloigné.

Karim était un *chmeta*[4] honteux. Un mariage blanc les arrangerait l'un et l'autre vis-à-vis de l'extérieur. En revanche, cela ne tromperait pas la famille bien au fait des mœurs scandaleuses du cousin gay. Elle appellerait toutefois Karim pour le sonder. Habitué à dissimuler, il saurait garder le secret de Latifa, même s'il n'était pas intéressé par sa proposition.

Et, en effet, il ne le fut pas.

De jour en jour, les nausées de Latifa devenaient plus fréquentes. Elles avaient fini par être remarquées par sa mère qui s'en inquiétait, sans toutefois deviner la cause : Latifa devait aller voir leur médecin de famille et, d'ailleurs, elle l'accompagnerait ! insistait-elle.

Il fallait donc trouver une solution. Et vite.

4. Homo.

SAKINA

Sakina adorait sa petite-fille dont elle était particulièrement fière. Ancien professeur au lycée français de Casablanca, elle avait été élevée par les nonnes à la fin du protectorat. Celles-ci s'étaient entichées de la petite Marocaine dont elles avaient encouragé le goût pour les belles lettres et poussé les études, tout en respectant sa culture et ses convictions religieuses. À son tour, Sakina s'était efforcée de transmettre à sa petite-fille cet esprit de tolérance. C'est elle, également, qui avait incité Latifa à poursuivre ses études ès lettres françaises. Elle s'enquerrait régulièrement de ses résultats, la conseillait, lui redonnait courage quand elle jugeait que la jeune fille mollissait. Le mémoire de littérature comparée qu'elle se préparait à soutenir remplissait la grand-mère de fierté. Depuis la petite enfance de Latifa, Sakina avait été la confidente et la consolation de la fillette aux prises avec l'éducation bien trop rigide voulue par son père, en dépit de l'ouverture d'esprit qu'il professait, s'agissant des autres.

Sakina avait à plusieurs reprises exprimé son profond désaccord avec les méthodes de son fils, d'un autre âge. Dans la famille, les filles n'avaient plus vocation à être à la merci de leurs père et frères depuis déjà plusieurs générations :

– On n'est pas des blédards tout de même ! s'était-elle insurgée.

Mais, cette fois-ci, la confidence de Latifa la sidéra. Elle reposa sa tasse de thé, se prit la tête dans les mains, répétant :

– Ma pauvre enfant ! Ma pauvre enfant !

Nul reproche toutefois dans le ton, mais c'était bien là le fruit des méthodes obscurantistes de son idiot de fils. Elle avait observé la sourde rébellion de l'adolescente, s'en était émue auprès des parents. Malgré ses mises en garde à son fils et sa sollicitude auprès de la jeune fille, la catastrophe était donc arrivée.

La grand-mère prit une grande inspiration.

– Dans les grandes occasions de la vie, les plus efficaces demeurent les méthodes traditionnelles, assura-t-elle. Les deux familles doivent se parler au plus tôt et parvenir au meilleur compromis, c'est notre tradition ici au Maroc. Et c'est mon rôle d'ancienne d'entamer les palabres et de vérifier que ces gens soient honorables – si l'on excepte ton suborneur ! Tu peux compter sur moi. Dans l'immédiat, pas un mot à Aziz, ton père.

C'est ainsi que Sakina décida qu'il était temps de parler à Khadija. Mis au courant de cette perspective inquiétante, Hamoud fut catastrophé. Il comprit qu'il était urgent d'informer lui-même la bonne Khadija de la délicate situation.

AÉROPORT DE BÂLE-MULHOUSE

Le policier des frontières regardait alternativement le passeport marocain, la carte de séjour, puis le visage de Latifa qui s'imagina découverte. Elle se mordit la joue pour ne pas laisser transparaître sa frayeur. Contre ses habitudes, elle s'était noué un fichu sous le menton, à la façon des femmes de la médina, et avait chaussé des lunettes, pour mieux ressembler à la mauvaise photo du passeport marocain, prise il y a de nombreuses années. Un discret effluve de mandarine et de citron vert, peut-être Chanel, contrastait cependant avec la mise modeste de la voyageuse.

C'est Khadija qui avait imposé cette solution. Et Sakina, la grand-mère, n'avait été que trop heureuse d'accepter au nom de sa petite fille et pour l'honneur des deux familles. Quelques années plus tôt, la sœur de Khadija avait accouché d'un vigoureux garçon, *Hamdoulillah*[5] *!*, qu'elle

5. Dieu soit loué !

avait aussitôt remis à leur frère cadet dont l'épouse, qu'il adorait, était stérile et désespérée. Les visites aux différents marabouts n'y avaient rien changé, ce qui prouve bien que la méthode n'est pas entièrement sûre.

La pratique du don d'enfant n'était pas si rare dans le Maroc profond et ne choquait personne. Il s'agissait de solidarité familiale. La sœur de Khadija avait déjà beaucoup d'enfants, en aurait sûrement d'autres, *Inch'Allah !*, tandis que leur frère aurait désormais un fils de leur sang qu'il méritait bien et que sa femme et lui élèveraient avec bonheur et tendresse. Tout le monde y trouvait son compte, surtout l'enfant qui serait chéri et choyé par ses nouveaux parents. Dieu également, puisque la *kafala*[6] était prévue par les textes islamiques et codifiée dans le droit marocain.

De la même façon, Khadija avait donc exigé que Latifa lui remette, dès sa naissance, Ould Haram, l'enfant du péché, puis disparaisse à jamais de la vie de son mari et de sa famille. En dehors des personnes directement concernées et des parents très proches, nul ne devait être au courant.

Et, par discrétion, Latifa devrait venir accoucher en France, sous le propre nom de Khadija qui deviendrait aussitôt la mère légitime, selon la loi des *gwères*.

Latifa, dont le ventre s'était légèrement arrondi, avait opté pour des vêtements plus amples qui ne laissaient rien deviner de son état. Étrangement, ni son père ni sa mère n'avaient en rien soupçonné la grossesse de leur fille. Celle-ci venait de soutenir brillamment son mémoire

6. Adoption islamique. Celle-ci prend fin à la majorité de l'adopté.

à l'université de Casa. Officiellement, c'était pour la récompenser de ses succès universitaires que Sakina avait annoncé aux parents :

– J'emmène la petite dans le Sud pour de vraies longues vacances. Elle les a bien méritées.

– Dans le Sud ? Je croyais que tu détestais la chaleur et la campagne, s'étonna Aziz.

– Il s'agira d'un périple culturel entre femmes, à la recherche des racines de notre famille qu'il serait enfin temps de retrouver et de revendiquer, avait-elle prétendu.

Habitué aux excentricités de sa mère, en qui il avait cependant toute confiance, Aziz avait donné son accord. Et, comme toujours, son épouse avait aussi acquiescé.

Hamoud, le suborneur, les avait rejointes près d'Essaouira. Comme prévu, il avait apporté le passeport et la carte de séjour en France de son épouse Khadija.

Hautaine, méprisante et rancunière, Sakina accueillit froidement le blédard, abuseur de sa petite-fille, qu'elle rencontrait pour la première fois. Elle ne lui laissa pas un seul instant l'opportunité d'un tête-à-tête avec Latifa. Dès la remise des papiers effectuée, il fut prié de repartir sur-le-champ rejoindre sa marmaille, en vacances au bled lointain, à Zagora.

– C'est bon, dit finalement le policier en tendant à Latifa le passeport et la carte.

« BON DÉBARRAS ! »

L'arrivée prochaine de Latifa en France impliquait, dans l'urgence, une organisation millimétrée. Ainsi que l'on sait, Khadija avait expédié son mari et les enfants au bled dans la famille d'Hamoud à qui elle avait remis ses papiers. Rien d'inhabituel pour l'entourage en cette période estivale, sinon la durée prolongée de ces vacances et l'absence de Khadija elle-même. Au bled, on dirait qu'elle était restée en France en raison d'une grossesse avancée et difficile, ce que son asthme bien connu rendait parfaitement crédible.

Hamoud, « que Dieu le protège ! », prit donc la route avec son fils et ses quatre filles, aux commandes du Trafic.

Pendant ce temps, Khadija était supposée simuler une grossesse aux yeux des voisines berbères de Colmar. Précautionneuse, elle trouva plus simple de se dérober à leur regard en allant passer quelques semaines chez les cousins de Belgique. Surpris de la voir débarquer après toutes ces années de silence, ils lui firent cependant le meilleur accueil et la remercièrent avec gratitude pour les poulets.

Quant à Latifa, il était convenu que, dès son arrivée en France, elle s'installerait dans la maison du frère d'Hamoud, l'éleveur de volailles, en pleine campagne, là où n'habitait aucun autre Berbère, seulement quelques *gwères* que personne ne connaissait. Encore célibataire, le frère était justement parti au bled pour y rencontrer la famille de la fiancée que sa mère et sa grand-mère lui destinaient. La place était donc libre.

Mise dans la confidence, Cherifa, la sœur aînée d'Hamoud, qui habitait elle aussi en France depuis son veuvage, chaperonnerait Latifa en attendant le jour de la délivrance.

C'est donc elle qui accueillit la mijaurée à l'aéroport.

– Que les hommes sont donc bêtes ! se désola-t-elle.

Et qu'avait donc pu trouver son frère, sauf le respect qu'elle lui devait, à cette limande sans fesses ni tétons en dépit d'une grossesse très avancée ? À part qu'elle se parfumait comme une cocotte et singeait les manières des *gwères*, ce qui ne trompait personne, en tout cas pas elle, Cherifa !

À quelques jours de l'accouchement, Khadija réapparut dans le quartier, un coussin noué sur le ventre et arborant sa plus belle *melhfa*[7], l'immense foulard multicolore dont s'enveloppent de la tête aux pieds les femmes sahariennes, un peu à la manière d'un sari. Un stratagème bien superflu cependant, tant ses formes opulentes auraient déjà suffi à prêter à confusion.

7. Cinq mètres de tissu non cousu.

Le jour venu, c'est donc Khadija elle-même, accompagnée de sa belle-sœur Cherifa, qui conduisit la future accouchée à l'hôpital où elle fut enregistrée sous le nom et avec la carte de Sécurité sociale de Khadija.

Dès le lendemain de la délivrance, escortée de près par Cherifa, Latifa reprit l'avion pour Essaouira, où l'attendait avec impatience Sakina, sa grand-mère.

– Grâce à Dieu, la limande est repartie ! Bon débarras et que tout rentre enfin dans l'ordre, *Inch'Allah !*, se réjouit la bonne Cherifa.

C'est ainsi que Latifa disparut à jamais de la vie de son fils.

À jamais ou presque, ainsi qu'on le verra plus tard.

JAMIL

Pour le moment, Khadija se penchait avec attendrissement sur le berceau. Elle remerciait Dieu de lui avoir donné sans les douleurs ce deuxième fils inattendu. Il était si frêle, si petit ! Pas comme ses cinq autres enfants qui, chacun à leur tour, avaient été le plus beau bébé de la maternité.

Elle tendit le biberon pour mettre fin aux vagissements du nouveau-né. Il ouvrait sur la vie de grands yeux de gazelle très noirs et déjà si tristes. Il avait la peau légèrement basanée, toute fripée, et sur le crâne des touffes disparates de cheveux crépus. « Tout à fait le portrait d'un Berbère du Sud, un vrai fils d'Hamoud », se réjouit intérieurement la Mouille. Mais il était beaucoup trop maigre (comment s'en étonner puisqu'il était le fruit des entrailles de la mijaurée ?) et elle comptait bien y remédier.

Revenues de leurs vacances prolongées au bled, ses quatre filles étaient aussi ravies que leur mère. Impatientes de pouvoir jouer à la poupée avec ce minuscule chérubin dont on leur faisait la surprise, elles débordaient déjà d'affection. Leur mère avait brièvement expliqué « sa » grossesse qui ne regardait pas les enfants de leur âge et la naissance du petit frère qu'il ne fallait pas toucher avant qu'il n'ait engraissé. Point final !

Au contraire des filles, Tawfik, leur frère qui les martyrisait à longueur de journée, manifestait ostensiblement son indifférence, sinon son hostilité envers le nourrisson. Du haut de ses six ans, il avait déjà imposé à ses sœurs, y compris ses aînées, son caractère vindicatif et ses exigences de mâle dominant au sein de la fratrie. Plus tard, il leur interdirait robes courtes et épaules dénudées, sans toutefois jamais parvenir à leur faire porter le foulard. Et, pour le moment, ce petit frère chétif qui accaparait toute l'attention de la famille ne lui disait rien de bon.

Bien évidemment, Hamoud était très content que sa femme ait aussi bien réagi : une solution inespérée, mais satisfaisante, avait pu être trouvée. Au fond de lui-même, cependant, il ressentait une profonde rancœur pour ce bébé non désiré et inutile – il avait déjà un fils légitime et en aurait sûrement d'autres – qui avait bien failli compromettre l'équilibre de sa vie et lui faisait perdre sa maîtresse. Il s'était jusqu'ici bien gardé de prendre l'enfant dans ses bras : un bâtard rachitique, vilain comme un Mauritanien, qu'il recueillait par obligation et qu'il confiait sans scrupules aux bons soins de Khadija, « Que Dieu la préserve ! ».

– Nous l'appellerons Jamil[8], avait tranché Khadija d'un ton définitif au sortir de l'hôpital, quelques jours plus tôt.

Hamoud sortit de la pièce sans un regard pour Jamil.

8. Beau.

JAMIL ET LE BOULEDOGUE

Que dire de l'enfance du petit Jamil? Timide et affectueux envers sa mère, adoré de ses sœurs, il ne fit que de courts passages à la crèche. Chaque matin, en effet, après le départ de Khadija, l'enfant poussait des cris stridents que rien ne pouvait calmer et pleurait toutes les larmes de son corps.

Un jour, il mordit gravement la main de la puéricultrice qui tentait de le consoler. Rappelée en urgence, Khadija prit une profonde aspiration de Ventoline et gifla la femme, une Martiniquaise incompétente qui ne savait pas se faire respecter d'un enfant de deux ans. Et Jamil fut définitivement renvoyé.

D'autres expériences furent tentées dans d'autres crèches et écoles maternelles, sans plus de succès. Après une nouvelle et solide correction infligée par Hamoud, il fut décidé que l'enfant resterait à la maison, dans les jupes de Khadija, elle-même à nouveau enceinte.

C'est ainsi que, lorsqu'il fut admis à l'école primaire, l'enfant ne parlait toujours que le berbère ancien, un mélange de *tifinagh,* le dialecte des touareg, et de *tamazight*[9], celui du Souss, majoritaire dans le Maroc berbère. Il n'avait évidemment aucune notion d'alphabet. L'établissement était situé à mi-chemin entre la ville et le « quartier ». Autant dire que les quelques *gwères* y étaient largement en minorité. Dans la cour, les enfants se regroupaient naturellement par origine : les Espagnols, Portugais et Polonais d'un côté, tous se prenant pour des *gwères,* Maghrébins, Turcs, bronzés et Africains de l'autre, avec plusieurs sous-divisions hiérarchiques, selon les ethnies. Et aussi quelques petits blancs – les *gwères* –, bien évidemment.

Jamil redoubla sa première année de préparatoire. Il fut admis dans une classe spéciale à effectif très réduit. Monsieur Bontemps, un géant rondouillard aux cheveux longs et à la barbe fournie, se dévouait pour ses six élèves, et plus particulièrement pour Jamil qu'il prit en affection. Mis en confiance, l'enfant développa son vocabulaire, chaque phrase prononcée étant cependant ponctuée d'un vigoureux « le Coran ! », une expression qui l'accompagnera toute sa vie. Il apprit aussi – péniblement – à lire, ainsi que des rudiments d'écriture.

De son côté, Monsieur Bontemps fut bien obligé d'acquérir à cette occasion quelques notions de berbère

9. Le tamazight, que parle un bon tiers des Marocains, est devenue langue officielle aux côtés de l'arabe. À ce titre, le tamazight et son alphabet très particulier sont enseignés dans les écoles. Le chleu et le rifain sont les autres dialectes berbères importants dans le royaume.

ancien dont il espérait cependant – il faut bien positiver – qu'elles l'aideraient, à l'avenir, à résoudre d'autres cas difficiles.

D'échec en rattrapage et de rattrapage en redoublement, Jamil parvint tout de même jusqu'au collège. C'est là qu'isolé au sein de sa propre communauté en raison de ses cheveux trop crépus et de sa pigmentation trop mate, ne pouvant compter que sur une petite poignée de bons copains, il développa un sens aigu de la débrouillardise et de l'esquive.

À treize ans, il se retrouva dans la classe de Monsieur Feulplain, surnommé « Bouledogue » en raison de ses paupières tombantes et de ses bajoues, un professeur sadique et raciste. Il n'appelait l'enfant que « Cacahouète » en faisant mine de lui tendre une banane, avec des bruits de bouche et des sifflements, comme l'on ferait pour un animal, afin d'amuser la classe. Un jour, Bouledogue insulta un autre élève, le traitant de « trisomique ».

– Trisomique vous-même ! rétorqua l'enfant dans l'hilarité générale.

C'est Jamil qui riait le plus fort.

– Cacahouète, au pied ! hurla Bouledogue qui fit ensuite entendre force bruits de bouche.

– C'est ta mère la guenon, le Coran ! lança, à la surprise générale, l'enfant meurtri et révolté.

Hors de lui, le professeur s'empara de la sacoche de Jamil et la vida par la fenêtre du troisième étage.

En guise de réplique, Jamil lui jeta, plutôt violemment, sa chaussure à la figure, insulte suprême dans la cité. Hamoud fut convoqué, ne crut pas un mot de l'histoire racontée par son fils, en raison du respect que l'on doit au professeur, même si c'est un fou. Giflé sur place, à la grande joie de Bouledogue, il se fit administrer une raclée mémorable, à coups de ceinture, dès son retour à la maison. Et fut renvoyé du collège.

Dans le même temps, Bouledogue, hargneux, un cocard juste sous l'oeil, s'était empressé de déposer plainte. Il la retira tout aussi prestement lorsque plusieurs parents d'élèves de la communauté firent savoir qu'ils témoigneraient.

À titre de compromis, il fut convenu que Jamil serait envoyé pour deux semaines dans un camp géré par la gendarmerie, pendant les vacances d'hiver, en guise de châtiment. Il en revint auréolé d'un certain prestige dans la cité.

En fait, l'enfant avait adoré ce premier séjour en dehors de la famille au cours duquel on lui apprit à tenir sur des skis. Son moniteur, un gendarme quinquagénaire débonnaire, athlétique, au sourire éclatant, se montrait paternel et compréhensif. Jamil se délectait secrètement de tous leurs moments d'intimité. Il adorait l'odeur de bergamote épicée de l'eau de toilette – ou était-ce de l'after-shave ? – dont s'inondait le gendarme chaque fois qu'il se rasait. Il n'osa cependant pas lui avouer qu'il le trouvait beau comme un dieu, presque aussi beau que James Bond.

Affectueuse et protectrice, le plus souvent, Khadija, la Mouille, pouvait elle aussi avoir la main lourde lorsque c'était nécessaire. À la première incartade de la marmaille, elle montrait les dents et rugissait. Si l'effet escompté ne se produisait pas, elle dégrafait sa ceinture de broderies qu'elle faisait tournoyer. Enfin, elle administrait vigoureuses taloches et coups de babouche qui faisaient rapidement rentrer le récalcitrant dans le rang. À l'extérieur, ce pouvait être une furie. Un jour qu'elle attendait Jamil et ses filles à la porte de l'école, le gamin sortit avec une joue enflée ainsi qu'un début de coquard récolté au cours d'une altercation avec un autre élève.

– Montre-moi sa mère ! intima-t-elle.

Évidemment, c'était encore une Algérienne ! Celle-ci le prit de haut :

– Jamais mon petit Ali n'aurait frappé ton morpion le premier, persifla-t-elle. D'ailleurs, si c'est bien un mâle, il n'avait qu'à se défendre ! poursuivit-elle d'un ton victorieux.

Le sang de Khadija ne fit qu'un tour : elle prit une profonde aspiration de Ventoline.

– Les nerfs lui sont montés au cerveau, raconta le soir même à la famille le petit Jamil, hilare. Maman a chopé la dame d'une main et l'a tabassée à coups de sac devant toute l'école.

Pour peu orthodoxe qu'elle fût, la méthode s'avéra cependant efficace : Ali ne harcela plus jamais le petit Jamil et les autres se tinrent à carreau, au moins jusqu'aux vacances suivantes.

D'autant que Jamil s'était trouvé un allié de poids : Abdel, surnommé formellement « *El Ghazal*[10] », et plus familièrement « Abdou le Gazou », en raison de ses extraordinaires yeux de gazelle et de son statut de chef

10. Gazelle mâle.

de harde redouté. Teigneux, bagarreur, mais cependant doué pour les études, Abdou le Gazou l'avait contre toute attente pris en affection.

LE MAGE DE TAMEGROUTE

Khadija n'avait pas confiance dans la médecine occidentale, mais tenait absolument à être « en règle » avec « les Services Sociaux », une administration mystérieuse et menaçante dont elle redoutait les pouvoirs d'inquisition et de coercition. « Grâce à Dieu ! », elle-même n'avait jamais eu affaire à cette terrible organisation, mais elle savait que toute la communauté craignait ses interventions. Notamment depuis qu'une voisine tunisienne s'était vu retirer la garde de ses propres enfants par ladite administration pour n'avoir pas suivi les recommandations du médecin de l'école.

Aussi, lorsque le petit Jamil se réveilla la gorge en feu et les oreilles douloureuses et bourdonnantes, se précipita-t-elle chez le médecin des *gwères* pour obtenir l'ordonnance et le certificat médical qui justifieraient à la fois son absence à l'école et les bons soins prodigués. Sans tarder, elle porta la prescription chez le pharmacien. Chaque jour du traitement, elle versait scrupuleusement les doses recommandées de sirop et cachets dans la cuvette des toilettes, afin d'être à jour en cas de visite des Services Sociaux. Dans le même temps, elle administrait les décoctions préparées par son demi-frère, l'herboriste bien connu de la médina d'Essaouira. Par téléphone, il indiquait les herbes à utiliser et les proportions. Khadija n'avait qu'à puiser dans la réserve de plantes séchées stockées dans le cellier, qu'elle renouvelait à chaque voyage au bled. L'herboriste la réapprovisionnait également en quarante-huit heures par l'intermédiaire des fameux « petits camions » qui relient chaque semaine le bled aux différentes communautés berbères d'Europe.

– Mais pour les problèmes de santé réellement sérieux, maman consultait le marabout de Belfort, me confia plus tard Jamil.

Ce marabout était lui-même le neveu du réputé Hadj Khali, le mage de Tamegroute, le dernier douar de la vallée du Drâa, porte ultime vers le désert. Le Hadj[11] appartenait à la même tribu qu'Hamoud et lui était apparenté. Sa maison était proche du tombeau du grand savant Mohammed Ibn Nasir[12] et de l'époustouflante bibliothèque scientifique et coranique contenant les quatre mille ouvrages qu'il avait rassemblés, merveilleusement conservés par le climat saharien, dont le plus récent date de quatre siècles.

Grâce à ses relations familiales, Hamoud avait pu visiter cette bibliothèque qui suscitait la fierté – et la curiosité – de la région. Il ne lisait pas l'arabe, mais fut ébloui par la profusion et la beauté des ouvrages enluminés, exposés

11. Titre honorifique donné à celui qui a effectué le pèlerinage à La Mecque.
12. Théologien, savant et médecin qui vécut au XVIIe siècle.

dans des vitrines ou, au contraire, soigneusement abrités de la lumière, dont il parlait encore, des années plus tard, avec émerveillement. On lui expliqua que l'une des plus anciennes versions connues du Saint Coran était là. Elle avait été calligraphiée avec une plume de roseau et du brou de noix, du henné et du safran, sur une peau de gazelle par l'imam Malik au XIe siècle. On lui dit que des chercheurs du monde entier, dûment munis d'accréditations, venaient à Tamegroute étudier avec respect les précieux traités d'algèbre ou d'astronomie conservés dans ce lieu ainsi que des traductions absolument uniques d'ouvrages de Pythagore dont, sans cela, le contenu aurait disparu. Ce qui faisait l'immense fierté des habitants de la région.

Certains jours, lorsque le soleil est bas, l'ombre portée du minaret tout proche semble désigner très clairement la maison du mage, ce que tout le monde dans le ksour[13] avait remarqué.

On venait le consulter de tout le Maroc et même d'Europe. Un jour, un oncle d'Hamoud, qui s'était exilé en France en tant qu'ouvrier agricole, se vit prescrire par un médecin d'Avignon une intervention chirurgicale urgente de la colonne vertébrale. À force de ramasser les melons, il avait contracté plusieurs hernies discales qui le faisaient atrocement souffrir. L'homme marchait courbé. Terrorisé à l'idée de la terrible opération dont on le menaçait, l'oncle se réfugia dans sa famille au bled, laquelle l'incita fortement à rendre visite au Hadj.

Celui-ci avait installé sa consultation dans un grand local semblable à un hangar. Dans la première partie attendait

13. Village fortifié.

la foule des patients assis sur des tapis, parfois pour la journée entière. Dans la semi-obscurité, une lourde fumée d'encens aux vertus hypnotiques rendait l'atmosphère encore plus opaque. Des tables basses chargées de victuailles permettaient de patienter et de se sustenter : pains de sucre pour le thé à la menthe, pâtisseries au miel, tajines. Elles étaient apportées au mage par les malades eux-mêmes, et le saint homme les mettait à la disposition des autres patients. Les femmes de sa famille servaient le thé à la menthe à volonté, ranimaient les bougies et alimentaient les brûle-parfums. Chacun apportait en outre au sage une obole, selon ses moyens.

Assis en tailleur sur son kilim et adossé à la montagne de coussins, le Hadj consultait au fond du local, à l'abri d'un paravent. Il examina longuement l'oncle de Jamil déjà tremblant, jeta un coup d'œil distrait aux radios rapportées de France et hocha la tête : il fallait un traitement radical.

On emmena donc le patient dans les dunes voisines où il fut enterré dans le sable, dès potron-minet et jusqu'à la tombée de la nuit, plusieurs jours de suite, seule la tête dépassant. Un ingénieux dais de poteries d'argile formant alvéoles le protégeait efficacement des ardeurs du soleil. On remplissait les alvéoles d'eau plusieurs fois par jour. En s'évaporant, celle-ci dégageait une fraîcheur salvatrice. Un assistant était chargé de désaltérer et de sustenter le patient avec les aliments et les boissons préparés par les femmes du Hadj, selon ses instructions très précises. On déterrait l'oncle chaque soir à l'apparition de la lune pour le conduire au hammam où on le frottait d'onguents. Le reste du traitement n'a pas été rapporté, et seul le Hadj connaît les prières très efficaces qui ont été récitées. Lorsque l'oncle fut définitivement extrait de son trou, étourdi et titubant, on le conduisit au hammam pour une ultime et vigoureuse séance de décrassage et de massage.

De retour en Avignon, l'oncle marchait droit comme un minaret et il ne fut plus jamais question de chirurgie.

Jamil lui-même avait consulté le mage de Tamegroute au cours de vacances au Maroc, Khadija se désolant de la forte myopie de l'enfant.

– Personne dans la famille n'a des yeux de taupe, gémissait-elle.

Le problème fut résolu à force de massages et de cataplasmes sur les yeux.

– J'avais huit ou neuf ans, le Coran ! Je devais porter ces pansements toute la journée sous un bandeau qui me maintenait dans le noir le plus complet. C'était très angoissant, me raconta Jamil. Les aides du Hadj me les changeaient plusieurs fois par jour ce qui, à ces occasions, me permettait d'apercevoir la lumière. Hélas, à chaque intervention, ma vue devenait plus trouble que la fois précédente et je m'inquiétais beaucoup.

– Et alors, demandai-je, comment cela s'est-il terminé ?

– Sur la tête de la Mouille ! Quand on m'a retiré le bandeau, le dernier jour du traitement, j'ai eu un éblouissement de mes yeux ! Deux jours plus tard, ma vision était devenue parfaite et il n'y a jamais eu de régressement ! me certifia Jamil.

Devant mon incrédulité, il me montra une photo du petit Jamil affublé d'impressionnants culs-de-bouteille.

Une nuit, le Hadj s'est éteint paisiblement, à l'âge de cent un ans. Son fils aîné, un vieillard de quatre-vingts ans, aidé de ses trois fils, procéda à la minutieuse toilette rituelle du défunt dont la tête fut tournée en direction de la Ka'ba[14]. On enveloppa ensuite le corps des trois linceuls requis, tandis que les hommes du village et de la région, prévenus par le téléphone arabe, commençaient de s'assembler à l'extérieur du dar. On avait commandé en urgence les pleureuses chargées d'exprimer bruyamment la douleur de la famille.

Alerté par ses réseaux, le gouverneur en personne fit le déplacement, ses gardes lui frayant un passage dans la foule à grands coups de stick. Son Excellence présenta ses condoléances aux hommes de la famille. Il étreignit le fils aîné, lui serrant les mains et l'assurant également de la sollicitude et du profond chagrin de Sa Majesté, Elle aussi prévenue du grand malheur.

Puis le corps, placé sur une civière portée au-dessus des têtes par mille bras, prit la direction de la mosquée où l'imam psalmodia les prières de circonstance reprises par la foule. Enfin, le cortège en sanglots se dirigea vers le cimetière. Deux membres de la famille descendirent dans la tombe fraîchement creusée pour y accueillir le défunt, l'étendre sur le côté droit à même la terre, tête tournée vers La Mecque. Puis on jeta les premières pelletées.

Après le départ des hommes, les femmes purent à leur tour rejoindre le cimetière, les veuves vêtues de blanc, soutenues par leurs filles et belles filles.

14. Édifice recouvert de soie noire, situé dans la cour de la grande mosquée de La Mecque, c'est le lieu le plus sacré de l'Islam. Il aurait été construit par le prophète Ibrahim et son fils Ismaël.

Selon la croyance, lorsque l'âme du Hadj quitta la tombe, quarante jours après la cérémonie, ses pouvoirs furent assurément transmis à un autre membre de la famille ou, à défaut, de la tribu. Mais Khadija ne sait toujours pas qui est cet héritier spirituel, lequel n'est peut-être même pas encore conscient de ses nouveaux dons. Peut-être s'agit-il du marabout de Belfort, espère-t-on dans la région.

AVIGNON

À Colmar, plus exactement dans la cité située en périphérie, s'était montée une association éducative, sous l'égide d'un professeur de théâtre, dont l'objectif était l'intégration culturelle des enfants, la plupart d'origine immigrée, par des jeux de rôle. Les enfants et les adolescents étaient invités non seulement à jouer des piécettes mais aussi à concevoir des spectacles, écriture et mise en scène comprises, la plupart du temps tirés de leurs expériences personnelles. Dès la classe de sixième, Jamil fut recommandé à ce professeur par l'un des enseignants du collège qui avait remarqué son sens du spectacle et ses reparties imagées. L'enfant méritait d'être guidé et soutenu, pensait-il.

Mis en valeur dans le groupe, Jamil se passionna donc pour les rôles qu'on lui demandait de jouer, ou plutôt de créer. La troupe fut invitée à se produire dans une MJC voisine, puis dans une autre.

L'expérience devint si marquante que la presse locale s'y intéressa et s'en fit l'écho. Plusieurs articles élogieux furent publiés dans le journal local puis dans *L'Est Républicain*. L'un d'eux mentionnait les espoirs que l'on pouvait mettre dans le petit Jamil.

Hamoud, qui lisait chaque jour *L'Est Républicain* de la première à la dernière ligne, en fut profondément agacé. Rien de bon ne pouvait résulter d'une mention d'un membre de la famille dans le journal, surtout pour des activités aussi frivoles : les ennuis ne tarderaient pas à se produire.

Au contraire, Khadija, à qui il exprima son mécontentement, était plutôt fière de son rejeton, mais secrètement. Elle voulut donc se faire sa propre opinion. Prétextant auprès d'Hamoud la nécessité de garder pendant la soirée une amie berbère malade, laquelle fut mise dans la confidence, elle se rendit en cachette à la MJC pour assister à une représentation de la troupe. Elle avait revêtu pour la soirée sa melhfa des grandes occasions, ce qui aurait dû alerter Hamoud, mais il n'en fut rien. Elle s'était inondée de Bourjois, le parfum des *gwères* que lui avait récemment offert son mari toujours attentionné.

À l'intrigue en français, Khadija ne comprit pas grand-chose. Mais elle fut éblouie par l'assurance de son fils sur scène, alors qu'elle le connaissait plutôt timide et renfrogné. Elle fut ravie des applaudissements et enchantée que Jamil lui fasse rencontrer son professeur-metteur en scène. Celui-ci la présenta à son tour à un certain Patrice Chéreau qui la complimenta pour les aptitudes du fiston chez qui, disait-il, se détectait un potentiel certain.

Le rédacteur de l'article était là, qui voulut lui aussi l'entretenir. Jamil traduisait. Intimidée, elle le supplia de ne plus mentionner la famille dans le journal, dans l'intérêt de Jamil, « car nous sommes des gens honnêtes », crut-elle bon de préciser. Il n'en fit rien. Dans un nouvel article, il rédigea un nouvel éloge de Jamil. L'article ajoutait qu'un grand réalisateur avait remarqué le jeune acteur à qui il allait proposer un stage dans son théâtre. L'article saluait la persévérance de l'adolescent « *en dépit des fortes oppositions familiales* ».

Dans l'intervalle, avant même la parution de l'article, forte de ses succès locaux et des encouragements multiples prodigués, la troupe était partie tenter sa chance au festival d'Avignon pour le spectacle de rue que les adolescents avaient soigneusement préparé depuis plusieurs semaines.

Pour Jamil, ce séjour en Avignon, qu'à sa grande surprise le Bouille avait autorisé, fut une révélation. Un vrai public, chaleureux et généreux, soutenait la jeune troupe. Les adolescents, ravis, récoltaient les fruits de leurs efforts sous forme d'espèces sonnantes et trébuchantes grâce aux quêtes qui suivaient chaque performance. Chaque jour les sommes recueillies étaient plus importantes. Pour la première fois, Jamil, à quatorze ans, disposait de son propre argent de poche, fruit direct de son travail.

Un producteur bien connu, notamment pour son goût des garçons, lui exprima son admiration et proposa un dîner plus intime. Jamil fut flatté, mais cependant déclina, trop intimidé. Un autre membre de la troupe, un peu plus âgé, à qui fut faite la même proposition, accepta. Il confia à Jamil que le dîner s'était prolongé par une visite de la chambre d'hôtel du producteur.

– À mon réveil dans sa suite, j'étais seul. Sur l'oreiller, j'ai trouvé une enveloppe remplie de billets, s'offusqua-t-il. Il m'a pris pour une pute !

C'est à son retour à Colmar que Jamil apprit que, à la suite de la conversation entre le journaliste et Khadija, un article était paru. On lui dit aussi qu'Hamoud était allé en rencontrer l'auteur pour lui intimer l'ordre de laisser sa famille en paix. Dès le retour de la troupe à Colmar, le père de Jamil se rendit également au siège de l'association pour dire que son fils avait désormais d'autres priorités que le théâtre, lequel n'était pas un métier, en tout cas pas un métier honnête. Et il était, bien évidemment, hors de question que Jamil se rende dans une autre ville pour un stage chez qui que ce soit. Ainsi s'acheva la carrière théâtrale de Jamil.

TAWFIK

Très strict avec ses filles, d'une grande sévérité avec Jamil à qui aucune bêtise n'était pardonnée, Hamoud fondait tous ses espoirs en Tawfik, également chouchouté par sa mère et chef autoproclamé, mais incontesté, de la fratrie. En réalité, une brute épaisse. Il s'était investi du rôle de procureur et justicier dans la famille.

À ce titre, ou plus vraisemblablement par haine de son cadet, il estimait nécessaire de doubler les fréquentes corrections administrées à Jamil par leur père.

Khadija tentait bien de le sermonner et même de s'interposer, mais Tawfik parvenait toujours à coincer l'enfant – et plus tard l'adolescent – pour lui administrer une raclée au moindre prétexte. Le plus souvent, cela se passait dans le garage, là où ses cris ne seraient pas entendus. Avec ses sœurs, aînées ou cadettes, il se posait en gardien de moralité, distribuant injonctions, insultes et gifles. Khadija en était navrée, mais interdisait à quiconque de rapporter les faits à Hamoud dont elle craignait les réactions.

Un jour de forte colère, Tawfik renversa les canapés en bois sculpté du grand salon dont certains furent brisés. Au retour d'Hamoud, anxieuse, Khadija s'accusa de les avoir elle-même empilés pour mieux les nettoyer puis de les avoir fait tomber. Hamoud hocha la tête en la voyant aspirer une profonde bouffée de Ventoline.

Tyrannisé par son frère, Jamil se réfugiait auprès de ses sœurs, pourtant bien incapables de le protéger.

À dix-huit ans, Tawfik était, en effet, devenu un colosse à l'intelligence étroite. Et de plus en plus sous l'influence des prêcheurs wahhabites. Un jour, il reprocha à sa mère de circuler dans la maison dans son pantalon d'intérieur ainsi qu'elle l'avait toujours fait et que le font chez elles toutes les femmes marocaines au moment du ménage. Elle s'en offusqua et tint bon. On n'était pas en Arabie saoudite, elle était une bonne musulmane et Tawfik, n'étant pas encore le chef de famille, lui devait toujours le respect.

Quelques années plus tard, il rencontra une fiancée turque en Belgique où il se rendait souvent, dans la ville du « Michel-Ange-qui-pisse » me précisa Jamil. Dès le lendemain de la noce religieuse célébrée sur place, il ramena la jeune épousée en France et l'enferma dans leur nouvel appartement. À double tour. Lui seul pourrait sortir tandis qu'elle préparerait ses repas et tiendrait leur ménage.

Effarée, la jeune femme ne l'entendit pas ainsi. Elle s'enfuit par la fenêtre du deuxième étage, à l'aide des draps du lit nuptial. Après un passage éclair aux urgences de l'hôpital – elle s'était blessée en sautant –, elle prit le premier TGV pour Bruxelles. Ainsi disparut l'épouse turque que personne ne revit jamais.

Tawfik ayant négligé de passer devant Monsieur le Maire après le mariage traditionnel, la fuite n'eut d'autres conséquences qu'une profonde humiliation pour lui-même, atteint dans son orgueil de mâle borné. Il la chercha vainement dans la capitale belge, l'insulte aux lèvres, pendant toute une année.

Hélas pour le reste de la fratrie, il revint prendre ses repas chez maman. Il avait conservé sa clé de la maison, ce qui lui permettait de faire irruption à toute heure et de continuer à brutaliser ses sœurs et ses frères – un troisième garçon était né.

D'autres fiancées lui furent présentées par l'entremise des réseaux de Khadija, des jeunes femmes berbères ou même arabes vivant en Europe. Mais toutes reculèrent, effrayées par avance, après une simple discussion avec le colosse ou peut-être en raison de sa mauvaise réputation déjà bien établie et colportée par le téléphone arabe.

« Il n'y aura de solution qu'au bled ! », pensait, désolée, Khadija. Là où les filles, dociles, étaient respectueuses des arrangements négociés par leurs parents.

L'ANNÉE DU BAC

En classe de troisième, Jamil s'ennuyait ferme ! L'accent du bled, hérité de l'éducation de Khadija et qu'il était le seul de la fratrie à avoir conservé aussi prononcé, le distinguait inévitablement aux yeux des professeurs et suscitait les moqueries des petits *gwères*. Quant à son orthographe, une sorte de phonétique très personnelle, elle donnait lieu à des accès d'hilarité en salle des professeurs. Et presque toutes les matières à l'avenant. Inutile de dire que cela se traduisait par de cuisantes corrections à la maison, Hamoud et Tawfik, pourtant guère meilleur dans ses études, se succédant à la tâche.

Ce qui sauvait Jamil dans l'enceinte du collège, outre la protection du *Gazou,* c'était sa gouaille. Son sens de la repartie et ses expressions fleuries, déclinées du berbère, mettaient de son côté une grande partie de ses camarades et aussi quelques professeurs indulgents. Il obtint finalement son brevet des collèges à l'issue d'une nouvelle année de redoublement. Puis on l'orienta vers une filière technique, qu'il suivit péniblement, à contrecœur, par intermittence.

À quelques semaines du bac, il réalisa enfin l'importance de l'échéance pour sa tranquillité familiale et mit les bouchées doubles. Il fut aidé dans ses révisions (ou plutôt ses découvertes) par le Gazou qui l'avait pris en charge et dont l'enthousiasme l'avait remotivé.

– Jette immédiatement ta clope, ici, c'est un terrain de sport et c'est interdit. Tu t'appelles comment ?

Décidément, il ne s'y habituerait jamais. Depuis déjà cinq ans dans ce lycée de merde, celui de la toute dernière chance pour des élèves refusés partout ailleurs qui n'en étaient même pas conscients, Denis fulminait. Aucun respect. Encore qu'en tant que prof d'éducation physique, il était sûrement moins chahuté que ses collègues.

En sport, il y avait même quelques bons éléments, par exemple ce Hocine, un athlète accompli qui avait en outre une certaine emprise sur les autres. C'est bien pourquoi il le chouchoutait. Cela lui assurait une relative tranquillité pendant les entraînements. Aujourd'hui, Denis faisait passer les épreuves sportives du bac pour ses élèves devant les représentants de l'académie.

Mi-piteux, mi-goguenard, l'hurluberlu écrasa son mégot sur la pelouse.

– Jamil ! répondit-il.

– Ah, c'est toi ! Il y a bien ton nom sur ma liste. Je me demandais qui tu pouvais être. Je ne me souviens pas de t'avoir vu, même une seule fois, pendant mes cours. Tu as choisi athlétisme ? Tu vas manquer d'entraînement !

– *Wesh*[15] ? Pas b'soin d'entraînement, M'sieur, ni d'tourner comme une abeille. Nous, les Rebeux, on a appris à courir très vite dès qu'on voit les keufs ! rétorqua Jamil avec un grand sourire.

– Bon ! Au moins t'as de l'humour, se radoucit Denis. Et tu vas courir comme ça, en jean et espadrilles ?

C'est bien ce qu'il fit.

– Mon but, c'était juste de fumer Hocine, ce FDP ! expliqua plus tard Jamil au Gazou.

– *Wesh, wesh !* Le bâtard ! acquiesça Abdou.

La première épreuve était l'endurance. Il se contenta de se maintenir en petites foulées aux côtés de Hocine, le champion de la classe, qui en fut très agacé. La seconde épreuve était le sprint. Il se rappela qu'il était le petit frère de « La Touns », ancienne championne scolaire de course à pied, ainsi qu'on le verra plus tard, et mit le paquet. Le chronomètre le donna vainqueur toutes catégories. Enfin, il y eut la course de haies. Il fut le seul à n'en renverser aucune, tout en réalisant un chrono satisfaisant.

Au total, il obtint 14/20, une note bienvenue en dépit de son trop faible coefficient dans le résultat final. Hocine, le chouchou, le battit d'une courte tête, avec 15, « ce qui prouve bien qu'il n'y a pas de justice ! », fulmina Abdou. Impossible, cependant, de se plaindre de discrimination comme il aurait pu le faire en d'autres circonstances, ledit

15. Interjection argotique, en principe interrogative, issue de l'algérien, utilisée en France à toutes les sauces. Figure désormais dans le *Petit Robert*.

Hocine étant lui-même d'origine maghrébine, comme d'ailleurs la grande majorité de leurs condisciples.

À l'issue des épreuves écrites et pratiques, à la surprise générale, tant au collège que dans la famille et au grand désappointement de Tawfik, il fut reçu.

Seule, Khadija n'était pas étonnée. En amont des examens, elle s'était en effet rendue secrètement chez le mage de Belfort. Le saint homme avait prodigué force bénédictions, lesquelles s'étaient révélées, une fois encore, si efficaces. Le tout pour une obole ridiculement minime.

– C'est un résultat bien mérité, Dieu bénisse le petit qui a beaucoup travaillé ! se réjouissait donc la bonne Khadija au cours des après-midi entre voisines, toutes envieuses, qu'elle organisait fréquemment. Il n'était évidemment pas question qu'elle livre à ces caqueteuses le secret de ce succès inespéré.

Jamil put donc entrer dans la vie active.

LA GRANDE DIFFICULTÉ D'ÉLEVER DES FILLES

Hamoud se levait toujours de grand matin. Ce jour-là, il acheta *L'Est Républicain* chez le seul revendeur du quartier, un épicier-marchand de journaux berbère, originaire de la vallée de Tafraout, un *Chleuh*[16] donc, comme presque tous les épiciers improprement dits « arabes » en France et en Europe.

Depuis la nuit des temps, Tafraout, c'est la vallée des épiciers. Et leur vocation ancestrale est d'aller faire fortune ailleurs. Autrefois, on les retrouvait dans toutes les villes du nord du Maroc ainsi que dans les grandes cités de l'Empire ottoman où ils étaient réputés pour leur ardeur au travail et leur sens exacerbé de l'économie. Aujourd'hui, ils sont à Paris et dans beaucoup de grandes villes d'Europe. Leurs épiceries sont les premières ouvertes

16. Tribu du Sud marocain parlant le tachelhit, la langues berbère la plus importante du Maghreb par le nombre de locuteurs.

le matin et les dernières à fermer, parfois tard dans la nuit. Leurs employés sont les membres de la famille ainsi que, éventuellement, d'autres Chleuhs préférablement issus du même village. Fortune faite, ils retournent au bled pour agrandir leur maison. À chaque mariage, on ajoute une aile ou bien un étage, tout le clan vivant sous un même toit. C'est pourquoi toute la vallée est parsemée d'énormes maisons de pisé, imposantes et magnifiques, aux allures de forteresses, accrochées au flanc des falaises ocre dans lesquelles elles se fondent.

Hamoud s'installa en terrasse du café voisin tenu par un autre Chleuh, comme chaque matin, et inspecta rapidement la première page. Rien d'intéressant. C'est lorsqu'il passa à la page suivante que le ciel lui tomba sur la tête. Il regarda furtivement à droite et à gauche : personne n'avait rien remarqué, personne ne s'intéressait ni à lui ni à son journal.

Il se leva précipitamment et retourna chez le marchand de journaux :

– Tu en as beaucoup vendu ce matin ? s'inquiéta-t-il.

– Tu es mon premier client de la journée, s'étonna le marchand.

– Je t'achète la pile, c'est pour offrir à des amis, dit Hamoud au marchand, incrédule.

Ainsi que nous l'avons vu, Dieu avait béni l'union d'Hamoud et de Khadija, en leur donnant un fils, *Hamdoulillah* ! Et même un second, par surprise. Et plus tard, un troisième. Mais il leur avait également donné quatre filles – sources perpétuelles de complications comme chacun sait – qu'il fallait en permanence surveiller de près afin de préserver en toutes circonstances l'honneur de la famille.

Pour cela, Hamoud s'en était en grande partie remis à la diligence de Khadija en qui il avait toute confiance. Et, fort heureusement, son fils aîné Tawfik, « Grâce à Dieu ! », la secondait dans sa surveillance.

Si les deux garçons, et plus tard le troisième, n'avaient montré que peu d'intérêt pour les études, les quatre filles, au contraire, avaient tout de suite compris que leur émancipation passait par le bac et peut-être l'université.

Chacune d'elles avait donc à cœur de rapporter à la maison le carnet de notes le plus flatteur. Khadija, dont ces bons résultats faisaient l'orgueil, brandissait les carnets scolaires au cours des après-midi entre voisines. Plus méfiant en raison de ses expériences personnelles désastreuses avec les femmes instruites, Hamoud laissait cependant faire Khadija. Elles iraient jusqu'au bac, puis seraient en âge de se marier avec, peut-être, une meilleure chance d'intéresser un Berbère instruit et bien installé dans la vie.

En prévision de la cérémonie, chaque fille d'Hamoud recevait à chaque anniversaire une chaîne en or, « rien que du vingt-quatre carats », m'expliqua Jamil. Le jour venu, les chaînes seraient fondues au bled, en sus de l'or apporté par le fiancé ou en remplacement si la dot était d'une autre nature, afin de forger la ceinture finement ciselée de la mariée. Et les parents seraient enfin déchargés de leurs lourdes responsabilités qui deviendraient celles du mari.

Pour le moment, cependant, les filles d'Hamoud étaient encore au lycée. Outre ses bonnes notes dans les matières traditionnelles, Sabrina avait été remarquée par son professeur d'éducation physique en raison d'aptitudes exceptionnelles à la course à pied. Elle était première en gym et gagnait haut la main toutes les compétitions scolaires de course à pied. Bientôt, elle bénéficia des conseils et de l'entraînement d'un coach qui lui fit entrevoir un avenir sportif glorieux. Il la mit en rapport avec la fédération régionale.

Pourtant, pour une raison que l'on ne comprenait pas, la jeune fille refusait obstinément que son entraîneur rencontre ses parents.

Suivie de près, année après année, Sabrina dont la progression était impressionnante fut finalement sélectionnée pour rejoindre l'équipe de France. Un journaliste vint l'interroger au lycée et, malgré le refus de la jeune fille d'être prise en photo, il publia un article élogieux, illustré d'un cliché de la jeune sportive volé pendant les entraînements. On y voyait, sur une demi-page, la jeune fille en short et débardeur, grimaçant sous l'effort, avec le titre « *Une fierté pour notre région !* ». C'est justement la demi-page sur laquelle était tombé Hamoud en sirotant son café du matin.

– Notre fille toute nue dans le journal, s'étranglait-il, de retour à la maison. Voilà bien le résultat de ton éducation ! vociférait-il à l'adresse de Khadija consternée et serrant jusqu'à l'écraser son pulvérisateur de Ventoline.

Pendant des années, ils avaient vu Sabrina partir aux entraînements dans son jogging informe sans imaginer un seul instant qu'elle pourrait le troquer sur place pour un short à ras les fesses et un débardeur de garçon afin de courir dans un stade rempli d'hommes. L'article mit donc une fin définitive aux espoirs et à la carrière sportive de haut niveau de Sabrina. Hamoud interdit catégoriquement tout entraînement, et la visite du coach affolé ne fit que conforter sa décision. La jeune fille fut même retirée du lycée.

Sa colère un peu calmée, Khadija convainquit Hamoud de la laisser reprendre ses études dans un autre lycée, ne serait-ce que pour éviter les spéculations et suspicions inévitables que colporterait le téléphone arabe. Bien entendu, celui-ci avait déjà relayé et déformé la nouvelle. Mais personne dans le quartier ni dans la cité voisine n'osa jamais mentionner l'épisode en présence d'Hamoud ou de Khadija.

La jeune fille obtint son bac facilement, puis un diplôme de comptabilité. Au grand dam de toute la famille, et d'Hamoud qui y consentit finalement malgré un conseil de famille unanimement défavorable, elle épousa un garçon originaire de Sfax qu'elle avait rencontré au cours de ses études. Si bien que, désormais, la famille ne l'appela plus que la « *Touns*[17] ». Elle lui donna deux ravissantes petites filles, puis divorça.

C'est Karima, la fille aînée d'Hamoud, qui avait essuyé les plâtres de l'émancipation. Après le bac, son père la contraignit à arrêter là ses études. À quoi servaient tous ces diplômes, sans compter toutes ces idées nauséabondes que les professeurs lui mettaient dans la tête, quand il s'agissait de plumer des poulets et de se faire épouser ? La jeune fille, souhaitant à tout prix échapper à son père,

17. La Tunisienne.

à Tawfik et à l'abattoir, se trouva un emploi à proximité du domicile familial. Elle rentrait tous les soirs, à temps pour le couvre-feu familial, remettait sagement son salaire à Khadija, si bien qu'Hamoud ne put raisonnablement s'y opposer. Un collègue de son bureau s'intéressait à elle, lui fit la cour et lui proposa de « sortir ».

Faute d'être berbère, au moins était-il d'ascendance marocaine.

– Il faudrait d'abord que tes parents demandent ma main à mon père, exigea-t-elle sagement.

Ainsi fut-il fait. Les parents vinrent faire leur demande qui fut finalement acceptée en raison de l'insistance de Karima, en dépit de la maigreur de la dot offerte

– Des pingres ! expliqua Hamoud à la famille consternée.

Et la date fut fixée.

À quelques jours du mariage, la jeune fille s'affola. Elle n'était plus du tout sûre de son choix, le fiancé ne correspondait plus à ses premières impressions, tout était allé trop vite.

– Je ne veux plus me marier, cet homme ne me convient pas ! dit-elle à Khadija.

– Ma fille, aucun homme n'est parfait, répondit sa mère. De plus, tu as voulu le choisir toi-même, contrairement à nos traditions ! En tout cas, c'est trop tard, les invitations ont été lancées, la ceinture a été fondue, le déshonneur serait trop grand. Derrière toi, j'ai encore trois filles à marier, trancha Khadija.

Karima épousa donc le Marocain, lui donna une fille, avant qu'il ne disparaisse fonder un autre foyer. Elle divorça dans la foulée.

La troisième fille, Aziza, passa également son bac, elle aussi haut la main. Elle s'inscrivit dans une école de commerce et trouva parallèlement un job alimentaire qui lui permettrait d'autofinancer ses études. Hamoud se sentit piégé, encore une fois, mais accepta.

Les choses s'envenimèrent lorsque la jeune fille décida que l'école était trop loin, une heure de route, pour qu'elle rentre chaque soir. Elle allait donc louer un studio. D'ailleurs, elle était devenue majeure – et donc indépendante même si c'était une femme – selon les lois des *gwères*. Une raclée, infligée par Tawfik, n'y changea rien, elle tint bon. Plus tard, elle partit terminer ses études à Paris où elle fut aussitôt repérée et recrutée par une banque.

Pour marquer plus encore son indépendance d'esprit, elle épousa un *gwère* tout blond (heureusement converti à l'islam, il est vrai, de fraîche date). Dès lors, la porte familiale lui fut fermée. Même après la naissance de ses deux enfants. Puis elle divorça.

Pour la quatrième fille d'Hamoud, Zohra, la voie ayant été ouverte par ses aînées, le parcours fut plus simple. Elle fit, elle aussi, de solides études, fac comprise, choisit elle-même son fiancé, un haut fonctionnaire d'origine marocaine (sans être malheureusement berbère), qu'elle épousa et à qui elle donna une jolie petite fille. Elle aussi partit vivre à Paris, loin d'Hamoud, de Tawfik et des poulets. La dernière fois que je l'ai vue, elle venait d'entamer une procédure de divorce.

Sa fille aînée ne l'ayant pas méritée, ni aucune de ses autres filles à la suite, Khadija garda donc pour elle-même, avec une secrète satisfaction, la lourde ceinture d'or que les mères transmettent à leur fille aînée le jour du mariage, lorsque la dot offerte par le marié est d'une autre nature. Quelques années plus tard, elle n'estima pas nécessaire non plus de transmettre l'objet à sa première belle-fille, la Turque.

Réalisée au début du siècle dernier par un orfèvre réputé, la ceinture de Khadija avait été achetée par son époux à une vieille femme de Fès qui n'avait pas eu d'enfant. Il l'avait offerte à Khadija à la naissance de leur premier fils, en remplacement de la ceinture apportée au moment de leur mariage, qu'il jugeait désormais trop modeste. Sans regrets, cette dernière fut aussitôt revendue.

Depuis lors, plutôt inconfortable, la nouvelle ceinture – deux kilos d'or ouvragé à vingt-quatre carats – ne quittait plus guère le coffre de la banque, hormis lors des grandes occasions, notamment les mariages, quand il était essentiel d'étaler l'opulence de la famille et de faire enrager les voisines, ce à quoi Khadija excellait. Au fur et à mesure des années, on ajoutait dans le dos les maillons prévus à l'origine par l'orfèvre pour correspondre à l'évolution inévitable du tour de taille de la propriétaire, l'énorme motif ventral présentant, par ailleurs, l'avantage de comprimer l'estomac :

– Un peu comme la ceinture de Barracuda, m'expliqua Jamil, émerveillé, mais à court de mots lorsqu'il voulut me la décrire.

En amont de chacun des mariages de ses filles, Khadija se rendait donc chez le vieil orfèvre réputé – et de toute confiance – dont la famille était cliente depuis déjà plusieurs générations, dans le *mellah*[18] de Fès.

18. Le quartier juif.

La confiance, toutefois, avait ses limites. Elle supervisait en conséquence personnellement les différentes étapes de la fabrication et du ciselage de la ceinture de ses filles. Pendant la fonte des chaînes et pendentifs qu'elle avait rapportés de France, elle se tenait aux côtés de l'artisan, ne quittant pas des yeux les moules en forme de maillons et breloques. Il s'agissait de vérifier que le « vingt-quatre carats » de la famille n'était pas sournoisement mélangé à un or plus médiocre. Elle récupérait ensuite chaque pièce, jusqu'à la moindre vis, qu'elle emportait avec elle à la fin de la journée. Le lendemain à la première heure, Khadija réapparaissait avec le nombre de maillons convenus pour le ciselage de la journée. Personne ne s'offusquait de ce luxe de précautions.

En fin d'opération, la ceinture était dûment expertisée, poinçonnée, et les certificats munis de tous les tampons nécessaires pour que la récipiendaire, son fiancé et leurs deux familles soient pleinement assurés de la réelle beauté de l'objet.

LE BLED

Chaque année, Jamil passait ses vacances au bled, dans la famille de Khadija ou bien celle d'Hamoud.

Celui-ci avait encore sa mère et sa grand-mère qui, à cent six ans, trayait toujours ses chèvres et pressait elle-même son huile d'olive. C'était une grande femme aux allures hommasses qui avait élevé toute seule une grande partie de ses quatorze enfants après le décès prématuré de ses deux maris successifs.

En raison d'une cataracte avancée, c'est à la voix qu'elle reconnaissait désormais chacun de ses innombrables descendants dont elle connaissait par cœur les prénoms. Depuis quelques années, elle avait délaissé son *shilom*[19] et remplacé le kif par une chique poivrée.

Jamil adorait cette arrière-grand-mère rigolote au visage buriné et tatoué qui lui racontait des histoires

19. Sorte de longue pipe, dont le fourreau est une pierre trouée, servant à fumer le kif.

passionnantes que personne d'autre n'écoutait plus. « À ma naissance, répétait-elle à l'envi, mon père a planté le grand palmier que tu vois là, à côté de la maison. Lorsqu'il s'effondrera, Le Coran !, l'heure de rejoindre mes parents sera venue. » Un jour, le vieux palmier jauni s'abattit dans un grand fracas. Et, dans la semaine, la vieille dame s'éteignit.

Au contraire, l'enfant détestait la mère de son père, une femme acariâtre qui avait épuisé plusieurs maris et qui le frappait avec un battoir à tapis ou encore lui lançait des cailloux avec l'adresse d'une chevrière.

De ses quinze enfants, Hamoud était le fils le plus attentionné. Il lui avait fait installer l'électricité en finançant la pose de poteaux depuis la route lointaine. Tout le village, reconnaissant, en profitait. Chacun avait bricolé un branchement et contribuait au paiement de la facture.

Malgré le courant électrique, les conditions de vie chez la mère d'Hamoud demeuraient très rustiques, beaucoup trop au goût de la fratrie qui préférait les vacances chez leur autre grand-mère, la mère de Khadija, à plusieurs villages de là.

Celle-ci n'était que trop contente de satisfaire sa marmaille et d'abréger le séjour chez son exigeante belle-mère qui la traitait chaque année en esclave dès son arrivée, à peine avait-elle déballé ses valises en vichy rouge et blanc remplies de cadeaux.

À la naissance du premier enfant d'Hamoud et Khadija, une fille, la mère d'Hamoud ne se priva pas d'abreuver sa belle-fille de reproches : le premier-né se devait d'être un garçon !

Le deuxième enfant fut également une fille. Le courroux de la belle-mère enfla. Aussi, lorsque Khadija fut à nouveau enceinte, Hamoud se garda d'en avertir sa mère avant d'être sûr de pouvoir annoncer, enfin, la bonne nouvelle. Hélas, ce fut à nouveau une fille, née quelques semaines avant le départ annuel au bled.

Affolé, le couple décida de ne pas informer l'autoritaire grand-mère et préféra laisser la fillette en France, la confiant aux bons soins d'une parente pour la durée des vacances. Khadija se sentait, à juste titre, en grand danger d'être répudiée, sur injonction de la matriarche qui ne cachait d'ailleurs pas cette exigence.

Le quatrième enfant fut également une fille, qu'il n'était plus possible de dissimuler.

On répudie plus difficilement une mère de quatre enfants et Khadija se sentait plus confiante. Au bled, cependant, elle rasait les murs, n'effectuant plus que de brefs séjours de courtoisie chez belle-maman, avant de filer dans sa propre famille, avec ses filles.

Enfin naquit un garçon, Tawfik, enfant choyé qui comprit très rapidement que dans cet univers de femelles, il était le roi. Entre-temps, l'une des filles était décédée. Puis naquit encore une autre fille.

Second mâle de la fratrie et cinquième enfant vivant du couple, Jamil ne trouva, pas plus que ses sœurs, grâce aux yeux de la grand-mère. Fils d'une bourgeoise dévergondée évidemment incapable d'effectuer l'ouvrage quotidien dévolu aux femmes berbères, habituées à effectuer sans rechigner les tâches les plus rebutantes, aussi chétif que sa mère telle qu'on n'avait pas manqué de la lui décrire, il n'avait pas sa place dans cette famille de rudes paysans. Elle le lui fit sentir.

Puis naquit un troisième fils. L'irascible grand-mère se radoucit. Le compte y était. Ou presque.

Sa bru avait enfin compris son devoir d'épouse, se félicita-t-elle, grâce à ses remontrances et admonestations, elle n'en doutait pas. D'expérience, elle savait que les belles-filles, elle en avait beaucoup, devaient être surveillées, dirigées, cravachées, sinon la dérive était inévitable. Si elle n'était pas intervenue, son fils préféré, Hamoud, serait toujours sans héritier mâle.

Les femmes sont des écervelées aux actions désastreuses si l'on n'y prend garde. C'est pourquoi la vieille dame n'aimait ni ses filles ni ses petites filles et méprisait ses belles-filles. Elle se rappelait trop sa propre sœur, veuve à trente-cinq ans, qui mit au monde un fils, trois ans après l'enterrement. Il s'agissait d'un « enfant endormi », expliqua-t-on, un « *bou-mergoud*[20] », phénomène bien connu dans les tribus berbères du Maghreb. Contrarié par le décès prématuré de son père, le fœtus avait décidé d'hiberner pendant toutes ces années pour réapparaître alors qu'on ne l'attendait plus.

Pourtant, la grand-mère de Jamil était bien convaincue que, au contraire, c'était sa sœur qui s'était retenue d'accoucher en temps voulu pour compliquer la vie de la famille, sa spécialité. Il n'était d'ailleurs pas impossible qu'elle ait obtenu pour cela l'assistance de quelque *sahar*[21] : celui du village voisin avait la réputation de détenir cette sorte de pouvoir.

---

20. *Boumergoud* en berbère ou *raqed* en arabe.
21. Sorcier.

Fort heureusement, le clan, dont l'honneur était en jeu, put réunir les douze témoins nécessaires, des mâles bien évidemment, le caquet des femmes n'étant pas suffisamment fiable. Parmi eux l'imam lui-même. Ils prêtèrent serment devant l'*adel*[22] que l'enfant était bien celui du défunt. L'*adel* en convint donc et décida qu'il était également son héritier puisqu'il s'agissait d'un mâle. À la suite de quoi, il avait fallu reprendre toutes les négociations du partage.

À la grande satisfaction de sa sœur. Jusque-là, celle-ci n'ayant eu que des filles, l'essentiel de l'héritage de son mari était donc bien logiquement passé aux frères et neveux du défunt. La naissance posthume d'un garçon, même trois ans plus tard, redistribuait les cartes.

Au-delà du droit coutumier berbère, les textes arabes consacrent l'existence de tels cas. Selon les écoles juridiques et l'expérience, la durée légale d'endormissement du *boumergoud* est variable. Les hanafites considèrent que la grossesse peut durer deux ans; les chaféites et les hanbalites quatre ans, et les malékites de quatre à cinq ans. Une décision de justice au Maroc a même consacré une durée de neuf ans.

C'est aujourd'hui plus compliqué puisque la *Moudawana,* le code de la famille en vigueur depuis l'époque de Mohamed V, limite la durée de grossesse à un an, sauf exception à laquelle l'*adel* dans sa grande sagesse peut faire droit s'il juge que la requérante et ses témoins sont de bonne foi.

Les femmes sont des sottes dont les aguicheries peuvent facilement tourner l'esprit des hommes et créer

22. Juge de paix et notaire en droit islamique. Au pluriel, « adoul ».

beaucoup de complications, continuait de se remémorer la vieille dame. C'est ainsi qu'une autre de ses sœurs, la plus jeune et la plus jolie, ce qui ne veut pas dire la moins stupide, revenait de la source, sa jarre de fin métal cuivré bien accrochée sur le dos par la lanière de cuir qui ceignait son front. Un homme la guettait qui se mit à la suivre à travers la palmeraie. C'était un solide gaillard de haute stature dans la cinquantaine, bien gras, portant beau, respirant la prospérité.

Il admirait la fière silhouette, le port altier de la jeune fille, sa jolie cambrure, son pas lent de chamelle, la grâce de ses quatorze ans.

« Elle tire vraiment de grosses fesses », s'extasiait-il, tandis que grandissait son excitation. Les yeux écarquillés, il fixait le déhanchement suggestif de sa proie au gré des ornières. À chaque enjambée, l'imperceptible tressaillement de la croupe épanouie, que l'on devinait sous les plis harmonieux de la *melfa*[23] chamarée, érotisait tous ses sens. Des désirs lui montaient des entrailles, embrasaient son cerveau. Son visage s'était empourpré. Il suait à grosses gouttes, ses yeux chaviraient.

Soudain, elle trébucha et dut rajuster sa babouche. Il aperçut le charmant petit pied aux orteils délicats, la fine cheville qui laissait augurer un mollet parfait. Il l'imagina allongée sur le dos, offerte, tandis qu'il la pénétrait. Ou mieux, se débattant bec et ongles, ses petites griffes labourant son dos velu tandis qu'il l'écrasait de tout son poids, au comble du bonheur.

23. Long voile de tissu souvent bigarré dont s'enveloppent les Sahariennes, à la manière d'un sari.

Elle s'aperçut qu'il la suivait et pressa le pas. Elle trottinait maintenant, ses fesses rebondies tressautant à chaque pas. Sa frayeur décupla l'exaltation de Youssef.

Il ne put contenir plus longtemps son émotion et la viola.

Ensanglantée, traînant la patte, pleurant toutes les larmes de son corps, elle rejoignit le domicile familial, redoutant la fureur de son père. Fou de rage, celui-ci enferma la dévergondée: elle n'était plus épousable et entachait irrémédiablement l'honneur de la famille. Sa seule vue exposait le clan aux quolibets du voisinage.

Sa fille ayant toutefois reconnu son agresseur, il cravacha sa mule pour se rendre au plus vite chez le juge et réclamer vengeance.

Celui-ci, un homme très instruit, était réputé pour sa connaissance des textes et son habileté à les faire appliquer. D'un côté, il ne pouvait s'empêcher d'une certaine compréhension des tourments de l'agresseur. La tradition, tout comme la sagesse populaire, nous enseigne en effet que les hommes ne sont pas en mesure de contrôler leurs irrésistibles pulsions. C'est donc aux femmes de faire preuve d'une pudeur sans faille, afin de ne pas susciter la convoitise. Et d'évidence, cela n'avait pas été le cas. De l'autre, lui-même ayant des filles, il comprenait parfaitement la douleur du père et son exigence d'un juste châtiment.

Il fit venir l'homme et lui donna ce choix : croupir en prison ou réparer le préjudice causé à la famille en épousant la victime, bien que celle-ci ne fût plus vierge. Youssef ne réfléchit qu'une minute : il choisit le mariage.

Le père retrouvait son honneur et percevrait la dot, dont le montant fut validé par le magistrat, on louerait une fois de plus la sagesse de celui-ci et Youssef, un honorable commerçant du souk, obtenait une nouvelle épouse, jeune et jolie, apte à satisfaire ses fantasmes les plus obscurs. Tout le monde y trouvait son compte. Sauf peut-être la promise, contrainte d'épouser son violeur, bien punie pour la sottise d'avoir trop ajusté sa *melfa*.

Consciente qu'elle laisserait peu de regrets et inquiète pour son paradis alors qu'elle était déjà sur son lit de mort, la grand-mère réclama pour la première fois la présence de ses petits-enfants, les fils et aussi les filles de son fils préféré Hamoud. Ils prétextèrent leur scolarité pour ne pas se déplacer.

Lui-même très occupé, Hamoud dépêcha en avance Khadija qui se rendit sur place avec ses belles-sœurs, femmes des frères d'Hamoud. Avec résignation et dans une puanteur insoutenable, Khadija changeait – bien inutilement – les compresses d'eau tiède et de décoctions sur la jambe dévorée par la gangrène d'où se détachaient des lambeaux noirâtres. Dans un sursaut, la vieille dame lui fit signe de se rapprocher et murmura longuement à son oreille. Khadija tenait sa vengeance !

– Te pardonner ? Ça, jamais ! proclama-t-elle à haute voix.

LE ROI DU MONDE

Un jour, Hamoud et Khadija confièrent le petit Jamil à son oncle et sa tante de Casa, pendant qu'eux-mêmes partaient pour le Sud reculé, visiter leur nombreuse famille. Ce matin-là, sa tante vint le réveiller d'un baiser.

– Tu as maintenant six ans et, aujourd'hui, c'est ta fête, lui dit-elle.

On habilla le bambin de blanc, on lui fit enfiler un gilet brodé de fils dorés par-dessus sa gandoura immaculée, et on lui mit sur la tête une chéchia vert foncé avec une étoile dorée. Une voisine avait acheté les babouches jaunes, la couleur qui porte malheur si on acquiert soi-même l'objet, mais qui vous protège s'il est offert.

L'enfant, ravi, fut assis sur un trône que quatre costaux portèrent sur leurs épaules. La procession fit le tour du *derb*[24]. Derrière leurs moucharabiehs, les femmes

24. Ensemble de ruelles et d'impasses, formant un pâté de maisons, réunies sous un même nom au sein d'un quartier.

poussaient des youyous et jetaient des bonbons tandis que résonnaient crécelles et tambourins. Jamil crut qu'il était le roi du monde.

Puis tous revinrent à la maison où attendait un homme à la mine grave derrière sa barbe fournie. Une lourde fumée d'encens obscurcissait la pièce. On tendit un drap devant le visage de l'enfant tandis que son oncle lui retroussait la gandoura.

Quelqu'un lui tenait les mains au-dessus de la tête. L'oncle maintenait ses pieds. Il se débattit, hurla. Rien n'y fit. La douleur fut atroce. Pendant trois jours, le petit garçon se traîna péniblement, le moindre frottement de son vêtement lui arrachant de petits cris.

Dans la tradition berbère, c'est en effet l'oncle ou la tante qui prend l'initiative de la circoncision. L'enfant est censé être enlevé à ses parents, puis rendu après la cérémonie.

LA PREMIÈRE FOIS

Presque chaque année, Jamil et ses sœurs passaient quelques semaines de vacances chez « l'oncle de Casa ». De fait, l'oncle vivait un peu à l'écart de la ville dans un douar ayant conservé son authenticité. Jamil aimait y retrouver Tahar et Talia, les enfants des voisins, plus âgés que lui de quelques années. Il s'agissait d'une famille marocaine vivant en Allemagne qui revenait se ressourcer au bled pendant l'été. Au grand dam de sa tante, vexée, il se faufilait le plus souvent possible dans la maison d'à côté pour prendre son petit déjeuner avec ses amis. Ceux-ci l'accueillaient à bras ouverts et, parfois même, le prenaient en charge pour la journée. Sur sa mobylette, Talia l'emmenait alors à la piscine où elle osait se montrer dans le maillot de bain apporté de Francfort, se riant des regards obliques et des remarques acerbes. Il admirait la joie de vivre et la hardiesse de l'adolescente et lui savait gré de l'affection qu'elle lui manifestait ainsi que son frère, Tahar. Trop européanisés au goût du village, d'une très grande beauté, le frère et la sœur suscitaient fréquemment jalousie et suspicion. Surtout Tahar. Comment un mâle pouvait-il être aussi beau ? Visage parfaitement symétrique, nez bien droit, grands yeux turquoise (peut-être un héritage lointain des invasions vikings), épaisse chevelure d'un noir de jais, subtilement ondulée, encadrant un ovale sans défaut, une dentition éblouissante. Une beauté irréelle, anormale, dérangeante. Les femmes se poussaient du coude sur son passage, lançaient des œillades, riaient sous cape. Les hommes se gaussaient de ses manières trop élégantes, s'agaçaient, se courrouçaient.

« *Chmeta*[25] *!* », murmuraient-ils de plus en plus ouvertement. Puis vint le temps des quolibets. Toujours jovial, toujours confiant, Tahar répondait par de chaleureux sourires. À dix-sept ans, c'était encore un grand naïf incapable de soupçonner la moindre méchanceté.

– Mon fils est un ange qui parle et sourit aux anges, expliquait poétiquement sa mère, fondant de tendresse dès que l'on mentionnait Tahar.

– Bien au contraire, il a la beauté du diable, persiflaient les détracteurs.

– Il a l'innocence des simplets, constataient plus prosaïquement les autres. Un « simplet » que sa mère et sa sœur jumelle n'en finissaient plus de mettre en garde, sans toujours parvenir à le protéger.

Cette année-là, Jamil avait dix ans. Alors qu'il se promenait dans la campagne avec ses sœurs, ils crurent percevoir

25. Pédé !

un râle. Scrutant un petit ravin, ils y virent avec terreur un homme gisant à plat ventre, qui gémissait. S'approchant pour le secourir, ils reconnurent Tahar, à demi conscient, le visage tuméfié, les vêtements en lambeaux tachés de sang.

Organisés en expédition punitive, douze hommes l'avaient violé. Depuis lors dans le village, les vrais mâles se racontent avec fierté ce haut fait d'armes.

Au cours de l'été qui précédait ses quinze ans, à l'occasion d'un mariage au bled dans le clan familial de son père, Jamil fut invité à rejoindre les invités. Dans l'immense patio s'agglutinaient déjà, dans une sorte de transe générée par l'obsédante musique *gnawa*[26], tous les hommes du village et des environs, venus célébrer le marié. De leur côté, les femmes étaient regroupées dans une salle fermée, inaccessible aux hommes, et fêtaient la mariée. Des liens de cousinage plus ou moins rapprochés reliaient entre eux presque tous les participants.

La veille, Hamoud et ses fils avaient été également conviés à la cérémonie du henné. Il s'agissait d'un privilège exceptionnel accordé aux cousins de France, car les seuls hommes admis pour cette occasion sont habituellement le père et les frères de la fiancée. Assise sur le trône de mariage, celle-ci était entourée d'une multitude de femmes caquetantes. Elle avait revêtu une *melhfa* de cérémonie aux couleurs éblouissantes et arborait une quantité impressionnante de bijoux précieux ainsi que la fameuse ceinture d'or, cadeau de la famille du futur époux, laquelle

26. Troupes de musiciens, un peu guérisseurs, souvent itinérants, réputés descendre d'esclaves africains.

constituait sa dot. Son front était ceint d'un lourd diadème d'argent ciselé très ancien auquel étaient suspendues de nombreuses breloques encadrant le visage. En raison de la présence des hommes, elle avait revêtu par-dessus sa robe bigarrée un voile brodé qui la couvrait de la tête aux pieds. À travers le tissu semi-transparent, on entrevoyait cependant son sourire éclatant et ses yeux brillants, lourdement maquillés. Son visage était déjà tatoué de henné. Les femmes entreprenaient maintenant d'orner ses mains et ses pieds. Dans des coupelles d'argent ciselé brûlaient des pierres d'ambre gris aux effluves délicats.

Le lendemain, dans la cour réservée aux hommes, Jamil repéra tout de suite Abdelkeb, un cousin éloigné de son père qu'il avait déjà remarqué l'année précédente dans des circonstances similaires. Son teint fortement basané et ses cheveux crépus trahissaient des origines métissées.

À quarante-cinq ans, c'était un homme superbe à la haute stature, à l'allure fière et virile, aux yeux de braise soulignés d'un trait de khôl, que sa famille n'avait pas encore marié ou qui était veuf, on ne savait pas très bien. Il arborait une gandourah blanche et le cheich bleu des hommes du désert.

L'homme s'était aperçu de l'intérêt admiratif de Jamil et le fixa en retour. Si intensément que Jamil ressentit une sorte de décharge électrique, de la tête jusqu'aux pieds, qui l'obligea à s'asseoir. Littéralement, un coup de foudre !

Jamil ne quitta plus l'homme des yeux. Plus tard dans la soirée, celui-ci se retrouva collé contre lui, comme poussé par la foule hypnotisée. Plus exactement derrière lui, les deux vibrant à l'unisson au rythme des *qraqebs*[27] et des tambourins.

Jamil ressentait une chaleur exquise et inconnue dans tout son corps. L'odeur de l'homme, chaude et virile, de musc et d'ambre gris, enveloppait l'adolescent, affolant tous ses sens.

Abdelkeb lui tenait maintenant les hanches. Ses larges mains brûlantes tentaient de s'insinuer sous la chemise, palpant et caressant le corps sec de l'adolescent. Troublé, à moitié défaillant, Jamil jeta un regard circulaire: personne ne leur prêtait attention. Il s'abandonna dans un frisson aux puissantes caresses du Saharien. Lorsque l'autre le tira à l'extérieur, il se laissa faire, sans bien comprendre ce qu'il ressentait.

Brusquement, Abdelkeb l'embrassa dans la nuit, forçant sa langue musclée dans la bouche du garçon profondément troublé, tandis qu'il entreprenait de lui dégrafer le pantalon. Jamil s'effrayant, l'autre l'entraîna dans sa « maison », en fait une tente caïdale dressée là parmi d'autres tentes destinées à loger les invités du mariage. Au sol, des tapis, des coussins, des couvertures. Un pan de la toile était relevé, révélant dans la transparence de la nuit une lune pleine et rouge sur fond de voie lactée. Dans le lointain, le coassement des crapauds en chaleur et le crissement des cigales énamourées. Un décor idyllique, parfait pour une première fois. Abdelkeb le déshabilla tendrement, l'étendit sur le dos, lui massa les pieds, puis les jambes, remontant lentement vers le ventre. Enfin, l'homme retira sa gandourah et le reste de ses vêtements, ne conservant que son turban.

27. Genre de castagnettes utilisées par les Gnaouas.

Jamil se laissait faire, inerte, intimidé, le cœur battant. Abdelkeb se tenait maintenant, nu, au-dessus de l'adolescent. Le clair-obscur soulignait sa silhouette élégante et révélait le dessin parfait de sa fine musculature. Il s'étendit sur Jamil et demeura un instant sans bouger, les deux savourant l'instant.

– Tu veux ? demanda-t-il.

Éperdu de bonheur, Jamil acquiesça. Presque écrasé, l'adolescent sentit l'énorme sexe gonfler contre son ventre. Il étreignit l'homme de toutes ses forces. Celui-ci humecta ses doigts d'une huile aux senteurs d'amande et d'argan, avec laquelle il lubrifia son sexe, passant ensuite sa main luisante entre les fesses de Jamil. Puis il le retourna, lui glissant un coussin sous le ventre. Enfin, tout doucement, il le pénétra.

Au début, la douleur fut intense, insupportable, et tout le corps de Jamil se crispa.

– Relâche-toi, murmurait Abdelkeb, sens-moi en toi, accepte, goûte ton plaisir.

Jamil s'efforçait d'obéir à la voix chaude, si persuasive. La douleur s'évanouissait. Il sentait maintenant le lent va-et-vient d'Abdelkeb au cœur de ses entrailles et ne pensait plus qu'à s'abandonner.

Des vagues de plaisir le parcouraient tandis que son propre sexe, turgescent, allait sûrement éclater. Sensible au plaisir croissant de Jamil, Abdelkeb accélérait le rythme. Il se fit plus sauvage, lui pinça les seins, lui tordit les poignets, lui mordit le dos. Brusquement, il le retourna, le pénétra à nouveau, par-devant cette fois. Les jambes en l'air, Jamil gémissait et vibrait, excitant davantage encore l'ardeur du Saharien. Jamil sentit bientôt qu'il allait jouir, Abdelkeb le perçut aussi.

– Ensemble ! ordonna-t-il.

Jamil se concentra pour mieux se contenir. L'autre ahanait en cadence et son rythme s'accélérait.

– Maintenant ! gémit-il.

Les deux explosèrent à l'unisson. Jamil sentit la semence chaude remplir son ventre comblé.

Ils reposaient maintenant sur les coussins douillets. Jamil serrait son amant de toutes ses forces. Lui, lui prodiguait des petits baisers affectueux. Il murmura tendrement :

– Pas mal, petit *gwère*, tu as bien assuré pour une première fois ! Mais tu peux mieux faire. Et je vais m'en occuper.

Ils retournèrent séparément dans le patio où la foule d'hommes, toujours aussi nombreux, tressautaient et transpiraient sous le ciel du Sahara, excités par les vapeurs de kif et les musiciens déchaînés. Personne n'avait remarqué leur absence.

« POUR LE VIN VIEUX J'AI LAISSÉ L'EAU CLAIRE... ET J'AI QUITTÉ LES FILLES POUR LES GARÇONS »

Le lendemain, Hamoud emmena ses trois fils chez un proche cousin où se prolongeaient les festivités.

La dot versée par le marié ayant été satisfaisante et l'assistance promettant d'être innombrable, sa belle-famille avait jugé opportun de manifester son opulence et sa reconnaissance envers les participants en leur offrant une attraction coûteuse et particulièrement appréciée, surtout dans cette campagne reculée où les distractions sont rares : les *chikhates*[28].

En pays berbère, on n'envoie pas d'invitation pour les fêtes de mariage, lesquelles peuvent durer plusieurs jours. Chacun peut venir. Relayée par le téléphone arabe dans les vallées voisines, l'annonce des festivités attire toujours une audience importante. Plus les participants sont nombreux,

28. Troupes de musiciennes très populaires, à la fois chanteuses et danseuses.

plus les familles des fiancés sont honorées. Il s'agit cependant de s'assurer que personne ne manquera de rien. Or, la présence annoncée des *chikhates* décuplait l'intérêt.

En arrivant au douar, Hamoud et ses fils virent que la place principale était emplie d'une foule bruyante composée d'hommes exclusivement, se pressant autour d'un grand podium artisanal. Poussée à fond, une sono médiocre diffusait des rythmes trépidants jusqu'aux tréfonds du moindre gourbi.

Sur scène, les musiciens étaient hilares. Un groupe de dames bien portantes – les *chikhates* –, d'âges variés, lourdement fardées, les cheveux au vent teints au henné, la gorge et les bras découverts, ensorcelaient les spectateurs. Chacune d'elles portait une ceinture de fanfreluches posée bas sur le postérieur, permettant aux connaisseurs d'apprécier le volume de celui-ci et de ne rien perdre des soubresauts et vibrations érotiques qui l'animaient, tandis qu'elles se trémoussaient à l'unisson.

S'emparant du micro à tour de rôle, elles improvisaient des couplets salaces, égrillards, voire carrément orduriers, les passages les plus significatifs étant soulignés d'œillades charbonneuses.

La foule des hommes était hystérique.

Mécontent que ses fils soient exposés aux *chikhates*, Hamoud ordonna qu'ils pressent le pas.

Chez le cousin, un grand nombre des hommes de la famille étaient déjà là, les femmes ayant sagement repris leurs occupations habituelles.

À l'entrée, chacun saluait avec respect un vieillard décharné assis sur un tapis, revêtu de la tenue traditionnelle des Berbères du désert, un plateau de victuailles à ses côtés. Jamil ne le connaissait pas. On lui dit qu'il s'agissait du dernier vivant des nombreux frères de son arrière-grand-mère et qu'il avait plus de cent ans. Il s'approcha à son tour pour l'embrasser sur les deux joues ainsi que son père, Hamoud, l'avait fait.

Le vieillard rugit. Son âge et son statut de plus ancien du clan imposaient que le jeune blanc-bec lui montre son respect en effectuant le salut saharien complet, dû aux vénérables. Il indiqua son front que Jamil dut baiser. De sa canne, il lui montra ensuite ses épaules et Jamil s'exécuta. Puis sa main décharnée que l'adolescent, intimidé, effleura des lèvres. Et enfin ses pieds, aux ongles noirs et boursouflés, crasseux en dépit des cinq ablutions. Jamil eut un haut-le-cœur et détourna la tête. Il reçut un vigoureux coup de canne sur le crâne et se sauva sous les imprécations.

Abdelkeb était venu lui aussi. L'adolescent sentit son cœur palpiter. Des bouffées successives de chaleur, qu'il s'efforçait de contenir, empourpraient son visage juvénile.

Son père annonça qu'il partait pour quelques jours à Casa. Il emmènerait son fils aîné, Tawfik, qu'il voulait initier à ses affaires. Le petit dernier resterait avec sa mère et ses sœurs. Quant à Jamil, libre à lui de demeurer lui aussi avec Khadija ou bien d'organiser quelque chose avec les nombreux cousins de son âge.

Pour la première fois, son père lui donnait quartier libre !

– Cousin, si tu le veux, je me charge de ton fils, intervint Abdelkeb. Je lui ferai découvrir nos villages des montagnes, peut-être à dos de mulet ou de dromadaire. Nous irons jusqu'à la grande cascade et pourrons bivouaquer dans l'oasis, *Inch'Allah !,* proposa-t-il.

– Si le petit est d'accord, c'est parfait, *Khouïa*[29] ! Surtout, fais-toi obéir ! répondit Hamoud, indifférent.

« Ça déchire ! », pensa le gamin, s'efforçant de cacher sa jubilation

Ce furent deux journées d'absolue félicité, les plus belles de la courte vie de Jamil, gravées à jamais dans sa mémoire.

Abdelkeb lui montra les villages où les reçurent de vieux caïds, amis ou parents du Saharien. Ils leur offrirent le thé à la menthe et les gâteaux traditionnels, souvent accompagnés d'une coupe de beurre savamment ranci que les femmes apportaient furtivement, les yeux baissés. On entendait ensuite leur rire, tandis qu'elles les épiaient derrière le moucharabieh. Le jeune Franc-Comtois découvrait avec précaution cette gourmandise très prisée dans laquelle on l'invitait à tremper sa taguella, une galette de semoule panifiée sous la cendre.

Le soir, un méchoui fut organisé, l'agneau entier, à peine sorti du four de terre glaise reposant sur un grand plateau posé au sol sur la nappe colorée déployée à même le tapis. Tout autour, à demi couchés sur les coussins, les convives mangeaient directement dans le plat à l'aide exclusivement des trois doigts de la main droite, selon les principes de la bienséance. Ils confectionnaient avec dextérité les boulettes de semoule, les roulant dans leur paume, puis arrachaient les lambeaux de chair fondante

29. « Mon frère ! », expression amicale utilisée même en l'absence de lien de parenté.

et parfumée qu'ils avalaient avec force gloussements, bruits de bouche et claquements de langue pour bien montrer leur satisfaction.

Hélas, Jamil détestait la viande d'agneau. De plus, il était gaucher. Il se rabattit discrètement sur les tajines de légumes au poulet.

Toutefois, il ne put échapper au traitement de faveur que leur réservait leur hôte, le caïd. Assis entre eux deux, le vieil homme arracha lui-même l'œil gauche de l'agneau et tendit la friandise à Abdelkeb avec un regard de concupiscence. Puis il préleva l'œil droit destiné à Jamil. Impossible de refuser.

– Un grand nombre de ces gens sont nos parents plus ou moins proches, lui apprit Abdelkeb. Nos aïeux communs, ce n'est pas si loin, étaient des nomades, faisant le commerce du sel, depuis des générations, plutôt des siècles. Leurs caravanes traversaient le Sahara dans les deux sens et même au-delà, tissant des réseaux, établissant des liens amicaux et familiaux, depuis la Mauritanie jusqu'en Égypte. Certains de nos mythes, mais de quand datent-ils ?, laissent même penser que nos tribus seraient issues du Yémen. De nombreux savants s'insurgent toutefois contre cette idée : nous serions plutôt un peuple autochtone d'Afrique du Nord. L'affaire est malheureusement devenue politique, surtout en Algérie.

De sorte qu'il est difficile, nos traditions étant surtout orales, de savoir si nos véritables origines sont ici ou là-bas. Ce qui est certain, c'est que nous venons du désert.

Plusieurs branches de nos tribus se sont sédentarisées dans différents pays. Les relations entre elles se sont distendues, voire ont disparu. De surcroît, l'évolution des dialectes nous a séparés.

Quant à nos familles, elles ont choisi de se fixer dans cette vallée du Draa, bien à l'abri des pillards. Désormais sédentaires, elles ont fortifié les villages devenus des ksours, construit kasbahs et agadirs. Elles ont prospéré, contrôlant la croisée des routes du désert et l'arrivée des caravanes. Certains d'entre nous, de moins en moins nombreux, sont encore nomades. Il en reste dans notre parentèle proche.

Aujourd'hui, le commerce du sel est devenu marginal ou inexistant. S'étant enrichis, nombre d'entre nous sont devenus propriétaires terriens, commerçants, bourgeois. D'autres se sont immiscés dans l'appareil administratif et y occupent de hautes fonctions, au service de Sa Majesté. Finalement, dans ces vallées, presque tous nous sont apparentés.

Jamil l'écoutait, ébahi. Son père, Hamoud, ni même son arrière-grand-mère si bavarde et si fière de son histoire, ne lui avaient jamais vraiment raconté la saga de la famille. Il était surpris et heureux de découvrir qu'il était le fruit d'une véritable épopée, à travers les siècles, les continents, les ethnies. Au-delà du quartier et de la Franche-Comté où il n'était que le rejeton de l'équarisseur de poulets, un immigré parmi d'autres immigrés, son horizon s'élargissait brusquement. Désormais, il était aussi un fils du Sahara, un descendant des fiers seigneurs du désert.

« Toubib aux plantes », une sorte de thérapeute herboriste, Abdelked était connu et respecté dans toute la vallée.

Il pratiquait également les massages traditionnels berbères, dont le fameux palper-rouler, réalisé à l'aide de petites baguettes enduites de plantes préalablement macérées, aux vertus pharmaceutiques. Le soulagement des patients était assuré.

Il savait aussi adapter cette technique aux jeux érotiques auxquels il s'adonnait, ce que Jamil aurait bientôt l'opportunité d'apprécier.

Les deux gravissaient maintenant la pente escarpée du ravin, chacun sur son âne emprunté au village, en route vers le vieil agadir fortifié qui dominait le paysage. Autrefois, les paysans y conservaient leur grain à l'abri des pillards et s'y réfugiaient en cas de nécessité. Le regard portait très loin, sur toute la vallée : des terres ocre et brûlées, parsemées de touffes de palmiers tout au long du cours de l'oued qui formait de larges flaques brillantes. Tout à l'heure, ils s'y étaient baignés parmi une multitude de gamins espiègles.

Sur chaque flanc de l'oued, des falaises abruptes, rognées par le vent et par des pluies diluviennes qu'on avait du mal à imaginer sous ce soleil implacable.

– Nous y voilà ! annonça Abdelkeb en ouvrant la porte du grenier.

Une bouffée inattendue de fraîcheur exhalée depuis l'intérieur les surprit agréablement.

– C'est ici que nous allons dormir, annonça le Saharien.

Ils attachèrent les ânes, déchargèrent leurs bagages, déroulèrent le tapis et se déshabillèrent entièrement, sauf le cheich que Jamil avait souhaité qu'il conserve. Allongé sur le dos, Abdelkeb invita son jeune amant à le rejoindre.

Il l'installa à genoux au-dessus de lui. Puis l'empoignant par l'arrière du crâne, lui courba la tête en direction de sa verge dressée qu'il lui enfonça brusquement dans la gorge. Jamil était sidéré. Mais, très vite, il comprit comment procéder. Cramponné aux cheveux de Jamil, l'homme abaissait puis relevait la tête de l'adolescent pour obtenir le rythme souhaité. Pas encore habitué, Jamil hoquetait, étouffé par l'organe démesuré. Après quelques gloussements de plaisir, l'homme réalisa la maladresse de l'adolescent et mit fin à la fellation.

Il saliva dans ses doigts qu'il introduisit avec délicatesse entre les fesses de Jamil, toujours à genoux. Celui-ci sursauta. L'empoignant fermement par les hanches, Abdelkeb l'assit sur sa verge gonflée et aussitôt l'embrocha.

Jamil ressentit la même douleur que la première fois, mais il avait déjà appris à se décontracter. Presque aussitôt, la douleur devint jouissance.

La verge puissante, d'abord enfoncée jusqu'au fond de lui, avait commencé un lent mouvement de piston. Les yeux chavirés, Jamil s'abandonnait. Abdelkeb le soulevait, puis le ramenait à lui, maintenant dans un rythme accéléré. Jamil voulut contribuer à cette cadence, usant de ses jambes comme de ressorts. Mais le plaisir était trop grand, ses forces s'évanouissaient et il s'abandonna complètement à la volonté de son amant.

Ils étaient maintenant allongés côte à côte, épuisés mais heureux.

– « Pour le vin vieux j'ai laissé l'eau claire... et j'ai quitté les filles pour les garçons », récita Abdelkeb de sa voix chaude, un peu rauque.

Il disposa dans une coupelle d'argile des pierres d'ambre gris qu'il fit rougeoyer à l'aide d'un vieux briquet à essence. Aussitôt, elles exhalèrent leur envoûtant parfum qui, bientôt, remplit tout l'agadir.

– C'est Abou Newas, à mon avis notre plus grand poète arabo-persan, qui a écrit ces jolis vers. Il disait que Dieu destine les gazous, comme toi, au plaisir des hommes comme moi, poursuivit Abdelkeb.

Jamil l'écoutait, fasciné.

– Depuis des siècles, dans notre grand Sud saharien, du Maroc à la Libye et même jusqu'en Arabie, l'amour est une histoire d'hommes, poursuivit-il. C'était déjà le cas à la grande époque andalouse : tous les hommes respectables, même les aristocrates juifs admis dans l'entourage du Calife, avaient de jeunes amants rivalisant de beauté, que célébraient les poètes. Ils aimaient les afficher en société, notamment à la cour. C'était aussi la coutume en Perse – où vivait Abou Newas – ou encore chez les Ottomans. Et avant nous chez les Grecs et les Romains, ajouta-t-il avec un large sourire pour Jamil, de plus en plus admiratif. Nous sommes les héritiers de toutes ces cultures. C'est pourquoi, pour nous les hommes du Sud, la femme détient un rôle sacré, essentiel mais différent. C'est celui de l'épouse qui porte et materne nos enfants, qui tient nos maisons. Nous lui devons respect, reconnaissance, affection, et nous devons la protéger ! ajouta Abdelkeb. Mais l'amour, c'est une histoire d'hommes.

Je dois dire qu'à l'issue d'une cérémonie de mariage à laquelle j'étais invité à Tozeur, dans le Sud tunisien, un jeune caïd me tint à peu près le même discours, au milieu d'une assemblée d'hommes approbateurs, bien que tous mariés. Au cours de ce périple dans les oasis du grand Sud, mon compagnon de voyage et moi-même étions à chaque instant sollicités par des hommes, alors que nos épouses, toutes deux blondes aux yeux bleus, pouvaient se promener seules dans la bourgade sans être importunées. « Viens voir l'amour ! », nous proposait-on à chaque détour de l'oasis.

De fait, m'expliqua un spécialiste des civilisations méditerranéennes, si l'homophilie est aujourd'hui largement décriée dans le monde arabe, cela n'a pas toujours été le cas, ainsi que l'affirmait Abdelkeb. Selon ses recherches, la poésie homo-érotique était, en effet, un genre très apprécié dans les anciennes civilisations du pourtour méditerranéen, notamment en Andalousie avant la Reconquista[30]. L'amour entre hommes matures et éphèbes, avant leur mariage, était largement célébré.

À l'instar d'Abou Newas dans l'Empire ottoman, cité par Abdelkeb, à l'apogée de la civilisation arabo-andalouse, c'est sans doute Ibn Sahl qui fut le chantre le plus réputé de cet amour homophile et de la poésie arabo-andalouse. Pratiqué universellement, au fil de l'histoire et des préjugés, l'amour entre hommes fut parfois qualifié de « grec », « turc », « florentin », « tibétain » ou encore de « vice italien », « vice anglais », c'est-à-dire forcément venu d'ailleurs. En fait, c'est une pratique universelle, sous toutes les latitudes, à toutes les époques. Dans son abondante correspondance, la princesse Palatine, qui

30. Reconquête de l'Andalousie par les rois catholiques au XVe siècle, après sept siècles de présence arabe.

savait de quoi elle parlait pour avoir épousé « Monsieur », frère du roi, l'appelait le « vice français ».

De nos jours, ajouta mon interlocuteur, cet « amour ottoman » se pratique toujours un peu partout dans le monde arabe, mais en toute discrétion. En Arabie saoudite, les hommes se font servir par de petits « pages », aujourd'hui importés des pays asiatiques.

Au pays des Talibans, poursuivit-il, notamment dans les milieux les plus rigoristes où les femmes sont intouchables, se perpétue toujours l'épouvantable tradition des « bachas ». De jeunes garçons sont achetés ou enlevés à leur famille pour devenir des sortes d'esclaves sexuels, avec lesquels il est de bon ton de s'afficher dans la bonne société masculine. Les malheureux sont « libérés » quand arrive – pour les plus fortunés d'entre eux – l'âge du mariage. S'il est satisfait des services rendus, leur protecteur paie la dot de l'épouse. Les autres connaissent diverses fortunes, certains deviennent danseurs ou prostitués.

La réprobation que l'on constate pour ces sujets, estima l'expert, touche plus particulièrement les hommes efféminés, supposés « passifs », lesquels risquent souvent de graves ennuis. Pour leurs amants dits « actifs », son avis était que l'opinion dans ces pays manifestait souvent plus d'indulgence et de compréhension à condition, bien sûr, que leurs amours interdites demeurent cachées.

Dans l'obscurité presque totale du vieil agadir, Abdelkeb s'était endormi, laissant Jamil aux prises avec ses pensées. Une forte odeur de menthe fraîche et poivrée, apportée en prévision du thé, se substituait presque à celle de l'ambre dont la combustion était quasi achevée.

Les événements des derniers jours avaient changé pour toujours le cours de sa vie.

En remontant dans ses souvenirs, jusqu'à la petite enfance, il se remémora un épisode qu'il croyait oublié, probablement insignifiant, ou peut-être annonciateur de ses préférences masculines. Avec un cousin et une autre de leur cousine, ils avaient décidé de jouer au docteur. Les deux garçons baissèrent promptement leur culotte. En bonne infirmière, la petite fille les examinait avec des gloussements. Quand ce fut son tour d'être examinée, elle minauda, se fit prier, fit mine de refuser, attisant leur impatience et leur curiosité. Enfin, elle se décida, sous le regard attentif des cousins. Quelle déception pour Jamil : il n'y avait rien à voir !

Pourtant, il en était sûr : il n'avait jamais depuis lors ressenti aucune pulsion, pas même la plus petite attirance, pour les camarades de son âge. Pas de « chaude amitié virile » après le sport ni de touche-pipi dans les vestiaires ou sous la douche, qu'il refusait d'ailleurs de prendre en commun.

Un jour, il avait surpris un garçon de la cité qu'il connaissait bien, aux allures de racaille, embrassant goulûment un petit *gwère* bien propret derrière un immeuble de la cité proche. Découverts, ils l'invitèrent par signes à les rejoindre, en riant. Mais Jamil n'était pas intéressé ni même émoustillé.

De fait, il n'avait jamais ressenti d'émoi que pour des hommes dans la force de la maturité : Hugh Jackman[31] embrasait son imagination et suscitait ses fantasmes

31. Acteur australien, notamment connu pour sa participation à la série *X-Men*.

érotiques depuis ses douze ans. Ou encore le prof de gym des troisièmes qu'il avait une fois épié se rhabillant dans les vestiaires, un *gwère* athlétique aux cheveux grisonnants, presque quinquagénaire et si troublant. Et aussi le gendarme au chaleureux sourire du camp de vacances qui sentait bon l'after-shave.

LE FRINGANT CAPITAINE

Après le retour à Colmar, la vie de la famille reprit son triste cours. Interdiction de sortir le soir après 21h, Tawfik y veillait.

Cela n'empêcha pas l'ado de se faire draguer, presque systématiquement, au cours de chacun des mariages dans lesquels Khadija officiait et à l'organisation desquels il prêtait la main. Il flirtait avec les hommes présents, ceux qui étaient dans la force de l'âge, mais bien que très émoustillé, rentrait toujours sagement à la maison.

Lorsqu'il eut seize ans, il fut convoqué à la Journée défense et citoyenneté. Dès son arrivée à la caserne, il fut accueilli par un fringant capitaine qui le colla toute la journée. Le soir même, il appela Jamil chez lui, à son grand embarras et à la surprise de la famille. Le lendemain, l'homme l'attendait au coin de sa rue.

Très réservé, ne sachant comment se comporter avec un *gwère*, de plus officier, Jamil repoussa timidement les avances, mais accepta un rendez-vous, puis un autre, dans un café.

– Je veux vivre avec toi, lui dit l'homme dès leur deuxième rencontre.

– T'es niqué ou quoi ? *Wesh!* répondit l'adolescent affolé.

Jouant les hétéros, il ajouta comme ultime défense :

– J'ai ma meuf, on va s'marier dès qu'on aura l'âge, ma mère a déjà fait la demande ! Arrête de tourner comme une abeille ! Le Coran de La Mecque !

Les avances se poursuivirent néanmoins une année durant. Le capitaine fut finalement muté dans une autre région d'où il continua d'envoyer force messages et signaux.

En dehors des cérémonies de mariage, les sorties autorisées par Hamoud étaient quasiment limitées aux virées au supermarché. C'est donc là que l'ado repéra à plusieurs reprises Jean-Michel, un quinquagénaire au ventre plat, dont la simple vue embrasait tous ses sens.

Cette fois-là, poussant son caddie encore vide, il s'efforçait de croiser l'homme dans les allées, n'osant toutefois pas affronter son regard. Celui-ci finit par remarquer le manège et s'en amusa. Au détour d'une gondole, il l'attendait, mains sur les hanches, un grand sourire éclairant son visage. Jamil le suivit chez lui – son premier *gwère*! – et le revit plusieurs fois pendant les heures de cours qu'il séchait sans vergogne. Puis il y eut Antoine, un autre *gwère*, lui aussi en pleine maturité, rencontré dans le même supermarché.

Un jour, Abdou le Gazou, son copain d'enfance, lui dit :

– Viens courir avec moi !

Il revint, dégoulinant de sueur, les pieds mouillés dans ses sneakers. Avant de rentrer à la maison, il fit quelques courses chez Leclerc. Hervé était là, qui lui proposa de le raccompagner. Jamil l'avait déjà repéré depuis quelques semaines : l'homme était un habitué de l'hypermarché. À peine cinquante ans, le physique avantageux, « une bombe ! », pensait Jamil. Il accepta, le cœur battant. En fait, l'homme prit la route de la campagne où se situait sa maison. Dès leur arrivée, il dirigea Jamil vers sa chambre et le fit asseoir sur le lit. Jamil était au comble de l'excitation.

L'homme s'empara de la jambe du Berbère et entreprit de le déchausser. Une forte odeur de caoutchouc et de transpiration mit le rouge au front de Jamil. Nullement incommodé, l'homme massait maintenant le pied avec dédication et tendresse. Bientôt, il risqua sa langue entre les orteils. Puis il lécha d'abord voluptueusement, puis goulûment, enfin sauvagement l'entièreté des pieds de Jamil.

D'abord pétrifié, puis amusé, enfin résigné, Jamil laissait faire. D'ailleurs, l'homme maintenait solidement sa jambe, de sorte qu'il ne pouvait se dégager. Vingt minutes plus tard, comprenant que ses attentes ne seraient pas honorées, Jamil s'impatienta :

– Je dois rentrer, ma mère m'attend ! justifia-t-il.

L'homme retomba sur terre, comme émergeant d'une transe.

– Bien sûr ! dit-il. Tu ne m'avais pas vu, mais moi je t'ai aperçu et remarqué, un jour, chez Leclerc, ajouta-t-il. Tu portais des tongs. Depuis ce jour, je rêve de tes pieds !

Jamil était effaré.

–Reviens bientôt ! dit l'homme. Est-ce que je peux garder tes chaussettes ?

Jamil attendait les vacances suivantes au bled avec impatience. Abdelkeb, son premier amant, enflammait toujours ses pensées. Dès son arrivée, il se précipita donc chez les parents du cousin pour « prendre des nouvelles ». Il y en avait.

Cédant aux pressions de sa famille devenue soupçonneuse, Abdelkeb avait enfin accepté la fiancée que ses parents, déjà âgés, lui avaient trouvée. Le mariage était imminent et Jamil était invité. Il se sentit trahi. Il s'y rendit cependant, au grand plaisir du promis. Profitant d'un tête-à-tête impromptu, Abdelkeb s'efforça de lui voler un baiser. Mais, pour Jamil, la frustration était trop grande. Il se déroba. Il était temps pour lui de tourner la page de ce premier amour torride.

Deux des sœurs de Jamil étaient maintenant mariées, l'une d'elles avait suivi son époux, muté sur la Côte d'Azur. Elle invita Jamil pour les vacances suivantes, les premières de sa vie en dehors du bled, ce qui l'enchanta.

Il rencontra sur la Croisette un bellâtre avantageux, se disant employé d'une parfumerie de Grasse. Il disposait d'un petit appartement, une garçonnière, à proximité de celui de la sœur.

L'homme l'emmena voir les champs de lavande. Ensemble, ils visitèrent une distillerie où il assista à l'extraction de l'huile essentielle. Un jour, il lui apporta un parfum spécialement créé pour lui, dont Jamil fut très fier de s'inonder. Ils se virent chaque jour pendant presque un mois. Jamil se crut amoureux.

C'est alors que l'homme l'invita dans son autre appartement, une résidence de grand luxe au sommet d'une tour prestigieuse de la Principauté. Jamil comprit qu'il avait été testé, sans doute en raison de son look des quartiers qui avait à la fois excité et inquiété son riche amant. Il en fut mortifié.

À Monaco, il se sentait maintenant exhibé comme un trophée par son amant. Celui-ci organisait des soirées au cours desquelles Jamil était l'objet de la curiosité déplacée des invités. Tous des bambocheurs au nez remplis de poudre qui lui lançaient des regards égrillards et s'efforçaient de pincer ses fesses fermes et rebondies. L'ambiance glauque de ces dîners lui était devenue insupportable. Il avait à chaque fois l'impression d'être considéré par certains convives comme le dessert. Cela paraissait ne pas déranger son riche amant, lequel souriait avec indulgence au lieu d'intervenir, flatté du succès de l'adolescent.

Un soir après le dîner, Jamil s'éclipsa avec l'aide désintéressée de l'un des convives qui le ramena chez sa sœur. Il reprit le premier train pour Colmar. Où, hélas, l'attendaient les poulets d'Hamoud.

LES POULETS DU BOUILLE

Samira reçut une violente claque. Furieux, Hamoud, récupéra les poulets en surnombre qu'il jeta avec rage et regrets dans la benne à ordures. Combien de fois le Bouille avait-il expliqué à ses enfants que la machine à plumer devait être lavée tous les cent poulets ! « Et pas un de plus ! », ainsi que le précisait le mode d'emploi. Il n'avait jamais pris aucun risque avec l'hygiène.

En pénétrant dans l'abattoir, chaque membre de la famille devait passer par le vestiaire, se désinfecter les mains et le visage, puis revêtir blouse, bonnet et chaussons jetables. L'installation d'Hamoud pour préparer les poulets, cauchemardesque pour ses enfants, était en réalité stupéfiante. Tout d'abord, les poulets étaient élevés par son frère en plein champ dans les monts du Jura, sans aucune nourriture artificielle, ni antibiotiques ni additifs ajoutés. C'étaient des bêtes heureuses de vivre et musclées à force de courir dans les prés. Ils ne rentraient au poulailler que le soir par un tunnel dont on verra l'importance. Les poulets étaient livrés chez Hamoud, par cages de trois, et libérés en amont de la chaîne d'abattage.

Ils avançaient d'eux-mêmes dans un tunnel identique à celui qu'ils connaissaient bien, parsemé de grains de blé ou de maïs. Poussé par les autres volatiles pressés d'accéder à la nourriture, le poulet était égorgé par surprise à la sortie du tunnel, d'un geste précis, la tête dirigée vers La Mecque comme il se doit, sans cris, sans être vu des suivants :

– Pas de stress ! C'est indispensable pour la qualité de la viande. Le Coran !, répétait le Bouille.

Les poulets étaient ensuite suspendus à un convoyeur qui les amenait jusqu'à la salle suivante. C'est là que les enfants étaient chargés de les plumer en les jetant par dix dans la machine destinée à cet usage, une sorte de bétonneuse garnie de picots de gomme extra-dure. Les plumes étaient éjectées à part, puis stockées dans une fosse d'eau javellisée jusqu'à l'arrivée du grossiste en plumes. Les têtes et les pattes étaient également revendues à un autre grossiste, chinois, pour un usage demeuré mystérieux.

Quant aux poulets, comme l'on sait, ils étaient préparés puis conservés en chambre froide.

À l'occasion de l'Aïd[32], Hamoud acceptait de prêter son abattoir afin d'entretenir ses bonnes relations avec l'imam et la communauté. Les enfants étaient donc spectateurs de l'arrivée dans le jardin familial des agneaux vivants qui

32. Fête du mouton. Selon la tradition, chaque chef de famille égorge rituellement un mouton afin de commémorer le sacrifice d'Ibrahim, l'ange Gabriel ayant substitué un mouton au fils du prophète, Ismaël.

repartaient sous forme de carcasses et de gigots. À la suite de quoi il était nécessaire de laver à grande eau les flaques de sang à l'odeur écœurante, un spectacle qu'ils jugeaient répugnant.

À l'exception de Tawfik, tous les enfants d'Hamoud demeurèrent traumatisés à vie par l'abattoir. Aucun ne voulut reprendre le business familial. Sabrina devint végétarienne, ses sœurs ne mangent jamais de poulet et Jamil refuse aujourd'hui encore de goûter un plat contenant de l'agneau.

LA VIERGE NOIRE DES GENS DU VOYAGE

À quelque temps de là, à la fête foraine du coin, Jamil désormais majeur rencontra... un forain. Patron du manège le plus impressionnant de la foire, celui-ci lui offrit son cœur et un travail itinérant.

Cet emploi était le prétexte parfait pour se soustraire, enfin, à l'autorité de son père et à l'abattoir ainsi qu'à la vindicte de Tawfik. Consulté, Hamoud tordit un peu le nez : comment Jamil pouvait-il abandonner ses poulets pour un emploi chez des nomades, chrétiens de surcroît ?

Ce fut une année étrange. Django, son nouvel amant, un quinquagénaire au physique de rugbyman, imposa sans réplique possible Jamil à sa communauté et à sa famille. Il avait donné au garçon la responsabilité d'aboyeur-bonimenteur du manège qu'il exploitait.

Au micro, Jamil appelait les clients, commentait les tours, lançait des plaisanteries, taquinait les filles et prit ainsi de l'assurance. Sa gouaille, même avec l'accent de la cité, faisait merveille.

Enfin reconnu pour ses mérites, Jamil exultait. Pour la première fois, sa vie lui appartenait. Ils habitaient un mobile home de grandes dimensions qui, une fois déployé à l'étape, doublait de surface et présentait tout le confort souhaitable dans une résidence principale. C'était effectivement la plus belle caravane du campement. Ils devaient cependant la partager avec les parents âgés de Django, ce qui rendait l'intimité souvent compliquée.

Avec les gens du voyage, a priori anti-Rebeu et homophobes, mais respectueux de l'autorité de Django, Jamil fit le tour de France des fêtes foraines. Celles-ci ne manquaient pas d'attirer les jeunes de toutes les cités à chacune des étapes.

Un jour, deux clans opposés se rencontrèrent sur le manège et la situation explosa. À coups de battes. Les magnifiques illuminations en firent les frais. Cinq minutes après la casse du premier lampion, Django était sur place, bientôt rejoint par un grand nombre de forains, tous armés jusqu'aux dents, ce qui calma instantanément les belligérants. Ils n'eurent d'autre choix que de se cotiser pour rembourser les dégâts, sur-le-champ, et de s'excuser piteusement. Largement commenté par le téléphone arabe, l'incident suscita dans les cités voisines et pour les années à venir le respect pour les gens du voyage.

Comme chaque année, ceux-ci se retrouvaient dans le nord de l'Espagne pour participer à la procession de la Vierge Noire. À la manière sévillane, la statue de bois, installée sur une lourde plate-forme recouverte de brocards précieux, de soieries et d'une multitude de fleurs odorantes, était promenée sur les épaules des forains les plus éminents – ou les plus repentants. Il s'agissait d'une procession privée, sans autres spectateurs que les membres de la communauté eux-mêmes, à l'exception de Jamil. La statue était conduite de nuit jusqu'au littoral. Incrédule, Jamil vit les forains plonger à plusieurs reprises la Vierge Noire dans la mer avant de la raccompagner dans l'allégresse jusqu'à son église où elle demeurerait exposée jusqu'à la fin des festivités. Un gigantesque banquet de cochon grillé à la broche suivit sur la plage auquel, bien entendu, il ne participa pas.

Jamil partagea la vie des gens du voyage pendant toute une année. La cohabitation avec les parents de Django devenait cependant de plus en plus pesante et les querelles de plus en plus fréquentes. D'autant que Django, devenu accro à la cocaïne qui circulait abondamment dans le campement, était sujet à de violentes sautes d'humeur. À la suite de l'une d'elles, Jamil fit ses sacs et reprit le chemin de Colmar.

Il réintégra la maison familiale, refusa de retourner à l'abattoir et entra tout naturellement « à la Peuge » où il retrouva la plupart de ses anciens condisciples ainsi qu'une grande partie de ses anciens voisins de la cité. Il suivit une formation interne de cariste, ce qui lui permit en quelques semaines de conduire les énormes Fenwick, un poste envié.

LE GWÈRE DE LA TOUR D'IVOIRE

À l'usine, les clivages entre « tournées » étaient exacerbés. En tant que cariste, Jamil fut successivement affecté à chacune d'entre elles. Il détesta la « A », « celle des fachos ! », me raconta-t-il quelques années plus tard, majoritairement composée de petits blancs hostiles. La « B » était au contraire multiculturelle avec, malheureusement, une forte présence, pour ne pas dire prédominance, des barbus. « A » et « B » étaient, en conséquence, vigoureusement homophobes. Dans son cadre de travail, Jamil continuait donc de cacher soigneusement ses préférences que rien, dans ses manières ni son aspect extérieur, ne pouvait trahir. Ce qui ne l'empêcha pas d'être harcelé par quelques *gwères* égrillards et, plus discrètement, par des Rebeux. Et aussi par des occupants de la « Tour d'Ivoire », ainsi qu'était familièrement surnommé l'édifice de bureaux, aux parois en vitres-miroirs, surplombant l'usine.

L'un d'eux, un cadre de la DRH, épiait Jamil, d'abord avec des jumelles depuis la fameuse tour, puis embusqué à l'entrée de l'usine pour le voir passer à 5h du matin. Guettant ses pauses depuis son bureau vitré, il lui apporta bientôt chaque jour café – l'expresso réservé aux occupants de la Tour d'Ivoire – et croissants. Sans doute plus de quarante-cinq ans, de haute taille, longiligne sous son costume-cravate, à peine grisonnant, sourire Ultra Brite, discret parfum de bergamote, l'homme correspondait tout à fait aux critères de Jamil, à la fois intimidé et flatté.

Pourtant, il demeurait sur ses gardes : « Un *gwère* de l'usine, ça aurait pu être possible, m'expliqua-t-il. Mais, Le Coran !, un keum des bureaux, ça ne pouvait pas le faire ! » Inquiet à l'idée que leurs improbables apartés puissent être remarqués par les autres membres de l'équipe, il jouait, une fois de plus, à l'hétéro pour décourager son soupirant.

– Le Coran !, je ne suis pas ton pot de miel ! T'es en manque de sucre ou quoi, *wesh* ? lui disait-il.

Le flirt dura cependant quelques semaines. L'autre supplia, suggéra même une promotion. Un jour, il lui offrit son premier flacon d'Eau Sauvage. Jamil fut ravi, mais ne céda pas.

Redoutant les effets dévastateurs du téléphone arabe, à l'intérieur et à l'extérieur de l'usine, Jamil repoussait toutes les avances dans le contexte de la « Peuge » où personne, « non personne ! », ne devait savoir ni même se douter de ses préférences, ainsi que nous l'avons dit.

Les sorties de Jamil s'effectuaient désormais de l'autre côté de la frontière suisse où quelques bars et boîtes de nuit tolérants accueillaient un public hétérogène, dont les gays de la cité.

Il se rapprocha de l'un d'eux, Samir, un ancien copain du collège. Pour échapper à l'opprobre et au harcèlement, celui-ci s'était installé à Bâle où il s'éclatait dans une boîte à la mode en tant que gogo boy, avec le look peroxydé correspondant, loin des imprécations de l'imam et des menaces de la communauté.

Jamil se rendait donc chaque samedi soir à Bâle dans la boîte gay-friendly fréquentée par quelques célébrités, où officiait son copain Samir.

C'est également en Suisse que, dans le même temps, son frère Tawfik trouva un emploi, bien payé, dans une grande maison horlogère.

Le colosse au cerveau étroit fabriquait à la main les mécanismes délicats de montres de grand prix. Il conserva cet emploi plus de cinq années. Un jour, inévitablement, il eut une violente altercation avec un collègue de travail. Ivre de colère, comme chez maman lorsqu'il fracassait le mobilier, il saccagea l'établi sur lequel travaillait l'autre, projetant à travers l'atelier les précieux mécanismes. Il dut repasser précipitamment la frontière en direction de Colmar à la suite de la plainte qui fut déposée par la direction.

BIG BANG À LAUSANNE

À Lausanne, Samir, le gogo boy, présenta Jamil à l'organisateur du Big Bang. Cette soirée très réputée, organisée plusieurs fois par an, attirait des milliers de nightclubbers venus de l'Europe entière. Et même de plus loin encore. Quelques princes et émirs de la péninsule arabique aimaient venir se défouler à la soirée Big Bang.

Jamil accepta un job en extra, les horaires étant compatibles avec ceux de l'usine. Circulant masqué d'une table à l'autre, il devait susciter les commandes. Il y réussit si bien qu'on l'affecta bientôt à l'étage VIP où les pourboires étaient conséquents. Puis, l'année suivante encore, il convainquit le patron de lui attribuer un salon pour le transformer en bar à chicha dans lequel on ne jouerait que de la musique orientale et où l'on brûlerait de l'ambre gris et de l'encens. Ambiance irrespirable, mais succès immédiat, notamment auprès des riches clients du Moyen-Orient.

Ces soirées n'étant que périodiques, il consacrait de plus en plus fréquemment ses week-ends libres à l'organisation de mariages orientaux, une activité déjà pratiquée artisanalement par sa mère, Khadija, comme l'on sait. Celle-ci étant réticente à prêter son trône d'argent, Jamil dut commander son propre équipement auprès du fabricant spécialisé de Fès. Khadija supervisait les cuisines et Hamoud fournissait les poulets.

Bien entendu, les clients payaient en liquide. Si bien qu'entre soirées Big Bang et mariages orientaux, Jamil fut assez rapidement en mesure de s'offrir l'Audi d'occasion dont il rêvait, au grand dépit de son frère Tawfik qui roulait en Clio. Il partit la chercher en Allemagne où le contrôle technique lui paraissait de meilleure qualité et les prix plus intéressants.

Quelques semaines après l'achat, les gendarmes se présentèrent au domicile familial pour s'enquérir du mode d'achat du véhicule. Jamil avait été dénoncé – il pensa aussitôt à Tawfik. De surcroît, « on » le soupçonnait de dealer en raison de ses allers-retours fréquents vers la Suisse.

Prenant pour une fois le parti de son fils, Hamoud dont la réputation auprès de la gendarmerie était excellente se porta garant. Jamil produisit ses fiches de paie et le malentendu fut rapidement dissipé.

À quelques jours de là, il retrouva la voiture incendiée, ce qui augmenta ses doutes sur l'origine de ses désagréments.

LE BEL ABDOU

Abdou le Gazou était devenu un homme superbe. Ses yeux toujours aussi extraordinaires et ses manières de petit coq faisaient chavirer les cœurs des demoiselles de la cité tout autant que celui des petites *gwères,* ce qui lui permettait de multiplier les conquêtes ainsi qu'en attestait le téléphone arabe.

Il avait malheureusement abandonné ses études prometteuses pour la vie apparemment plus juteuse des petits truands du quartier. Son business de pièces détachées prélevées sur des scooters volés, à destination du bled, prospérait. Cette vie en dehors des clous lui réussissant, il entreprit bientôt une série de petits casses plus audacieux, se spécialisant dans les bijoux en or qui partaient vers les Émirats pour y être fondus.

Jamil ne le voyait plus guère. Un jour, il apprit, avec un petit pincement au cœur, que le Gazou s'était fait surprendre en flagrant délit et purgeait une peine de plusieurs années.

Pourtant, à quelque temps de là, Jamil reçut un appel inattendu :

– C'est Abdou ! Ça va ou quoi ? lui dit-on.

– Abdou ? Quel Abdou ? Ch'c pas c ki !

– *Wesh*, bouffon ! Le Gazou ! Ton pote ! J'ai besoin de toi, mon frère, viens me chercher !

Son copain d'enfance était sorti de prison plus tôt qu'attendu, sous conditions, en raison de sa bonne conduite. Heureux d'avoir de ses nouvelles, très intrigué, Jamil se précipita. Sous le charme du bel Abdou, la responsable des services sociaux de la prison, en personne, avait intrigué pour sa libération anticipée à la condition qu'il pointe régulièrement au commissariat. Elle lui avait même trouvé un emploi dans l'usine de retraitement. Contre toute attente, Abdou était ravi de cette nouvelle vie rédemptrice :

– La galérance, *walou* ! C'est bien fini !

Il venait de tomber en panne sur la route de l'usine et craignait de déplaire à ses nouveaux employeurs ainsi qu'à son contrôleur s'il était en retard.

Au risque d'être lui-même en retard et pénalisé, Jamil fut ravi de le véhiculer.

Ils se revirent souvent avec plaisir. Un dimanche, Abdou emmena Jamil dans le verger où les deux camarades allaient parfois jouer en sortant de l'école. Se plaçant derrière son ami, Abdou l'enlaça brusquement, lui plaquant un baiser sur la nuque.

– Je t'aime et je t'ai toujours aimé, déclara-t-il.

Jamil fut pétrifié. Jamais il n'avait confessé ses penchants à quiconque dans la cité, pas même au Gazou, son meilleur copain.

Et jamais il n'avait imaginé que ce tombeur de filles puisse avoir secrètement les mêmes orientations que lui. Décidément très beau, Abdou était grand, mince, musclé, viril avec, comme l'on sait, d'étonnants yeux de gazelle. Un physique à tomber ! Et le même enivrant parfum de musc et d'ambre gris qui lui rappelait les nuits chaudes de Zagora.

Mais il était beaucoup trop jeune, d'au moins vingt ans !, pour correspondre aux goûts de Jamil. Celui-ci se dégagea gentiment :

– Tu es mon frère, ce serait de l'inceste. Moi aussi je t'aime *khouïa,* mais différemment.

– Quelle tristesse ! se désola Abdou, les yeux embués.

Il se maria peu après, eut plusieurs enfants et, sans doute, quelques maîtresses. Des années plus tard, alors qu'ils s'étaient perdus de vue, Abdou retrouva son copain sur les réseaux sociaux : *Je t'aime toujours,* implorait son message.

LE VILAIN PETIT CANARD

C'est à cette époque que Jamil surprit une conversation entre son père et son oncle, à propos d'une certaine Latifa, dont il ignorait jusqu'à ce jour qu'elle était sa mère biologique. *Le Matin,* quotidien marocain bien connu, venait de publier une photo de cette Latifa et de son mari, accompagné d'un article élogieux sur ce dernier. L'oncle de Jamil soulignait le parcours étonnant de Latifa depuis qu'elle avait mis au monde son bâtard, en France, sans jamais se préoccuper de ce qu'il avait pu devenir.

Tous les sens en alerte, bien que son nom n'ait pas été prononcé, Jamil comprit en un instant qu'il s'agissait de son histoire.

Il prit son oncle à part et exigea les explications qu'il savait que son père ne lui donnerait pas.

– Tes parents t'aiment beaucoup, louvoyait l'oncle, réticent. Ta vraie mère, c'est Khadija, ajouta-t-il, très embarrassé.

Acculé, il lui révéla enfin les circonstances de sa naissance.

Tout s'éclairait pour Jamil. Il comprit pourquoi il était physiquement si différent du reste de la fratrie, surtout des garçons. Il était le vilain petit canard dans la couvée de jolis poussins.

Il réalisa les raisons de la froideur de son père dont il avait toujours souffert et qu'il avait toujours ressentie comme profondément injuste.

Au fil des jours et des semaines, il développa une espèce de dépression à laquelle s'ajouta bientôt l'obsession de connaître ses racines. Il s'en ouvrit à ses sœurs qui l'encouragèrent à entreprendre des recherches. Ce qu'il fit avec, toutefois, un sentiment de trahison envers Khadija, sa mère de cœur qui l'avait élevé et protégé et qu'il aimait tendrement.

Sur Internet, il retrouva l'article du *Matin.* Puis Facebook lui permit de localiser la famille de Latifa. Il la contacta en messagerie privée. À force d'insistance, paniquée, craignant le pire, elle consentit de mauvaise grâce à le rencontrer, lorsqu'il viendrait au Maroc.

Mère de deux garçons déjà adolescents, mariée à un haut fonctionnaire pressenti en politique et promis à un brillant avenir au service de Sa Majesté (Que Dieu le glorifie!), Latifa vivait désormais dans la capitale marocaine.

RABAT-SALLÉ

C'était, pour Latifa, une période d'intense activité en raison de la saison des cocktails auxquels elle se devait de participer activement. Cela ne l'amusait plus vraiment, mais son haut fonctionnaire de mari et elle-même devaient tenir leur rang. Le tout-Rabat se pressait à ces réceptions qui donnaient lieu chaque fois à un grand étalage de sacs griffés – certains copiés –, de bijoux voyants et de chignons architecturés, dans un froufrou impressionnant de robes à volants. De cette foule caquetante se dégageait un mélange étouffant d'effluves floraux, trop prononcés, trop sucrés.

– Très nouveau riche, tout ça, s'amusaient ensuite Latifa et son époux en passant au crible, avec délectation, la tenue de chacun – ou plutôt de chacune – des participants.

Pas du tout son style à elle, dont la sobre élégance, les bijoux cossus mais discrets et le chic naturel faisaient la fierté de son mari. De même que son mystérieux parfum qu'il jugeait créatif, moderne et frais. Et surtout très classe.

Un jour, Jean-Paul Guerlain, à l'époque le meilleur nez de la parfumerie mondiale, dont Sakina, sa grand-mère, était une amie, avait composé spécialement pour la petite fille qu'elle était alors un parfum très personnel où dominaient les notes de mandarine d'Italie avec une pointe de citron vert. Il en avait offert la recette à Sakina, qu'un parfumeur talentueux de Casa reproduisait depuis lors à l'intention de la famille. Aussi, Latifa, sa mère et sa grand-mère ne portaient plus que ce parfum admirable et exclusif que jalousaient les autres femmes et dont personne ne parvenait à deviner quelle grande maison le commercialisait. Quelques années plus tard, Chanel lancera sur des bases très proches un parfum qui connut et continue de connaître un grand succès.

Dans quelques jours, ce serait le tour de son mari d'organiser la réception qu'allait donner le ministre et il comptait sur elle pour l'y aider. Et, bien sûr, pour accueillir les invités et les diriger vers le grand salon :

– Pas d'esbroufe, du style, lui avait-il demandé, sachant toutefois cette recommandation superflue.

Depuis lors, elle courait les traiteurs, les décorateurs et autres fournisseurs, à la recherche de l'idée qui permettrait à son époux de se distinguer. La perspective était d'autant plus stressante, on en conviendra, que le Palais avait confirmé sa participation. On pouvait donc espérer la présence effective de la princesse, « que Dieu la protège ! », la soirée étant déjà placée sous son haut patronage. Aucun faux pas n'était possible.

C'est justement le moment que ses deux fils choisirent pour lui parler de leur nouvel ami Facebook, un certain

Jamil de France, un ami bien mystérieux. Il disait leur être apparenté par leur mère et posait beaucoup de questions.

– Un cousin ? lui demandèrent-ils, très intrigués.

– Jamil ? Je ne connais pas de Jamil, leur répondit-elle, sincère.

Elle cherchait dans ses souvenirs. Non, elle ne voyait pas. Ou alors un cousin éloigné, sans doute un quémandeur. En revanche, il n'était pas souhaitable ni sain de laisser ses fils adolescents correspondre avec ce quidam inconnu dont on ne connaissait pas les intentions. Lesquelles paraissaient pour le moins suspectes.

– C'est bon, leur dit-elle, ne lui répondez plus rien ! Dites-lui seulement de me contacter.

Ce qu'il fit en messagerie privée, lui précisant son identité.

SALAM[33] MAMAN !

Les vacances approchant, l'impatience de Jamil grandissait et son imagination se débridait. Il imaginait le retour de l'enfant prodigue.

Comme chaque année, la famille se rendrait au bled. Jamil en profiterait pour aller à Rabat, sous le prétexte de visiter des copains de la cité, eux-mêmes en vacances au pays, ce qui n'éveillerait pas les soupçons de la famille.

Ainsi fut fait. Dans un salon de thé de Sallé où personne ne la connaissait, Latifa avait, bien à contrecœur, fixé rendez-vous à Jamil.

Elle arriva très en retard, ses talons claquant sèchement sur le carrelage tandis qu'elle traversait la salle sous le regard admiratif de tous les hommes présents dans l'établissement, ce dont elle était très consciente.

Jamil avait choisi une table discrète, dans l'alcôve du fond, ce qui la satisfit. Il s'était levé pour l'accueillir,

33. *Salam Aleikoum!* (Que la paix soit sur toi!), salutation habituelle à laquelle on répond *Aleikoum Salam!*

très intimidé. Il hésitait, ne sachant s'il devait lui tendre la main ou l'embrasser. Une délicate bouffée de mandarine avec une pointe de citron vert émerveilla ses narines. C'était une femme élégante et hautaine, au regard dur, de toute évidence une grand-bourgeoise, se dit-il, très impressionné.

Elle toisa l'intrus, visiblement venu directement des cités françaises dont il portait l'uniforme. Elle jeta un regard méprisant à la casquette posée sur la banquette et prit place avec un sourire contraint.

Il remarqua qu'elle se mordait les joues tandis qu'elle s'asseyait du bout des fesses sur la banquette usée, ignorant la main hésitante qui lui était tendue.

Après un long silence embarrassé, c'est elle qui prit la parole. Il devait comprendre qu'elle vivait dans un autre monde, expliqua-t-elle, un monde qu'il ne pouvait pas imaginer et dans lequel il n'avait pas sa place. Ainsi qu'il le savait, elle avait refait sa vie. En les contactant, il avait perturbé ses enfants, dérangé leur confort familial. Il n'était pas le bienvenu et ne devait pas récidiver, dit-elle tout d'un trait.

Abasourdi, mortifié, Jamil se décomposait.

De son côté, elle comprit à son air de chien battu qu'il n'aurait ni le mauvais goût ni surtout le courage d'insister, et se radoucit.

S'efforçant de n'en rien paraître, elle se remémorait avec une moue de déplaisir cette annus horribilis où elle s'était rendue en France sous une fausse identité. Elle revivait son séjour en recluse dans la ferme aux poulets, gardiennée par une mégère hostile à l'odeur de patchouli, son accouchement solitaire dans une salle aseptisée et le lardon qu'elle avait à peine entrevu avant que la seconde mégère ne le lui arrache, puis le retour piteux au Maroc.

Pour parachever le tout, il y avait eu cet abruti de psychiatre-psychanalyste, le Docteur Bin Khamoul, qu'elle avait consulté à Casa, à l'instigation pressante de sa grand-mère qui « s'inquiétait de sa reconstruction ».

Internet n'existant pas encore, elle l'avait donc recruté dans l'annuaire où son encart publicitaire le disait « diplômé de la Faculté de médecine de Paris », ce qu'elle avait trouvé rassurant.

Il l'avait reçue presque aussitôt.

Mal à l'aise face à ce médecin inconnu, engoncée dans un fauteuil trop profond conçu pour déstabiliser les patients, se mordant les joues d'appréhension, elle s'était lancée d'une voix monocorde, sans le regarder, décrivant la situation dans ses grandes lignes, épargnant les détails trop douloureux et inutiles.

Il avait été très étonné d'être consulté par une femme si jeune et apparemment célibataire. Lorsqu'elle lui exposa enfin son invraisemblable parcours – une fille à peine sortie de l'adolescence mais au parfum de femme fatale –, il n'en crut pas ses oreilles !

C'est alors qu'elle avait surpris son regard désapprobateur qui la transperçait jusqu'au tréfonds d'elle-même. Elle se sentit déshabillée, jugée, à la merci de ses commentaires stupides : il avait enfin ouvert la bouche et lui exprimait sa pensée d'une voix sentencieuse et désagréable.

Elle écourta d'elle-même la séance. Tandis qu'elle réglait rageusement la consultation, il continuait de l'abreuver de remarques désobligeantes ! Empochant les dirhams il asséna sa prescription finale : elle devait se repentir et relire le Coran !

Dieu merci, tout cela était loin ! Réprimant tout instinct maternel, elle avait tourné la page et ne laisserait personne la faire retomber dans ce cauchemar ! Surtout pas ce Jamil, Ould Haram, ressurgi d'un passé si douloureux qu'elle n'était pas totalement parvenue – elle le réalisait maintenant avec consternation – à exorciser.

En lui apportant son thé, le serveur la rappela à l'instant présent : Jamil la fixait avec intensité et désarroi. Elle remarqua enfin l'effluve subtil de bergamote qui ne correspondait pas au personnage. Peut-être Eau Sauvage ? Il avait sans doute spécialement acquis le flacon pour l'occasion et portait l'eau de toilette à son intention, elle en fut touchée. Mais presque aussitôt elle se ressaisit : ce n'était pas le moment de faiblir.

D'une voix moins sèche cependant, elle lui souhaita « beaucoup de bonheur en France » où il avait « la chance de vivre et où tout était possible pour qui voulait entreprendre », d'autant que « il était entouré d'une famille formidable ». Elle était sûre que son destin était là-bas et qu'il saurait y faire face avec brio.

En un instant, le rêve de Jamil s'effondrait. Incapable de rassembler ses idées, il ne trouvait pas les mots pour l'attendrir ou au moins pour argumenter, lui dire qu'il ne lui demandait rien, juste un peu de sollicitude, d'empathie. Après un bref échange de lieux communs et de banalités, il la vit partir le cœur serré dans une ultime exhalaison de mandarine et de citron vert. Elle s'était en effet levée, brusquement, mettant fin à la rencontre, le saluant d'un petit signe de la main, sous l'œil goguenard des fumeurs de chicha. Il remarqua qu'elle se mordait à nouveau les joues.

PARIS, ENFIN !

De retour sur le lieu de vacances de la famille, près de Casa, il sympathisa avec Hamid au cours d'un après-midi à la plage. C'était un Beur de son âge, habitant Paris, dont Jamil admirait le torse athlétique, les abdos de béton et les jambes puissamment musclées. Chacun prenait plaisir à la conversation de l'autre et ils se virent presque chaque après-midi pour de longues discussions amicales. À la fin des vacances, Hamid lui dit qu'il aimerait qu'ils se revoient à Paris.

Justement, la sœur de Jamil souhaitait qu'il lui rende visite dans la banlieue parisienne où elle habitait et se proposait de lui faire découvrir la capitale, le temps d'un week-end.

Dès son arrivée chez elle, Jamil appela son nouvel ami. Hamid l'invita à le rejoindre au théâtre des Champs-Élysées. C'était la première fois que Jamil allait mettre les pieds dans un vrai théâtre, ce qui le remplissait de crainte et de curiosité.

Il comprit qu'il devait, pour cette occasion très spéciale, faire un effort vestimentaire. Il choisit donc son meilleur survêt, un ensemble blanc badgé Lacoste, qu'il allait porter avec des sneakers immaculés, si l'on excepte la grosse inscription Adidas, et s'inonda d'Eau Sauvage.

En pénétrant dans le hall du théâtre, il eut la forte impression, désagréable mais justifiée, d'être le point de mire, tant son accoutrement détonnait. Ce qui, bien entendu, accentua fortement son malaise. Après un rapide coup d'œil alentour, il crut identifier le problème et retira prestement sa casquette : personne d'autre n'en portait. Puis il fit profil bas.

Son billet l'attendait à l'accueil. Une place lui avait été réservée dans une loge à proximité de la scène. Il y avait aussi un petit mot d'Hamid lui expliquant qu'ils ne se verraient qu'après le spectacle car lui-même serait sur scène, ce qui fut une totale surprise pour Jamil.

C'était un ballet. Là encore, son premier ballet. Il reconnut Hamid parmi les danseurs. Il fut éberlué de voir qu'un keum aussi viril et puissant pouvait évoluer sur scène avec tant d'aisance et de légèreté pour réaliser d'aussi gracieux entrechats.

Après le premier quart d'heure, il dut cependant faire de gros efforts pour rester attentif au déroulement de l'intrigue – incompréhensible ! – et ne pas piquer du nez. S'étant aperçu qu'on le regardait et ayant entendu quelques commentaires ironiques et désobligeants à son égard, il tint bon jusqu'au bout, par fierté.

Dès le tomber final du rideau, un vigile était là, qui l'invita à le suivre dans les loges pour y rejoindre Hamid.

Il s'y rendit, non sans un regard triomphant en direction des mauvaises langues.

Une petite fête qui se prolongea assez tard avait été préparée pour les danseurs – tous de superbes athlètes – et leurs amis. Hamid ne le quittait pas d'une semelle, le guidant et le présentant aux participants. Ils firent la bise à Line Renaud.

Au moment de quitter le théâtre, Hamid l'invita à poursuivre la soirée chez lui. Il installa Jamil sur des coussins, alluma un cône d'encens, baissa l'intensité des lumières, servit une première tournée de boukha, l'eau-de-vie de figues clandestine des paysans de la vallée du Drâa. Jouée en sourdine, une vieille mélopée berbère s'échappait de quatre enceintes disposées aux coins de la pièce.

Dans un vase décoré à la main embaumait un simple bouquet de menthe aux puissantes senteurs poivrées, enivrantes, comme au bled, qui émoustillaient leurs sens. Emporté par les vapeurs d'alcool et troublé par le cocktail de senteurs, Jamil se sentit chavirer. Des réminiscences des jours heureux dans la vallée de Zagora surgissaient par bouffées. Affalé sur les coussins, les yeux mi-clos à la façon des fumeurs de kif, il se laissait aller au gré de ses pensées.

Respectant la rêverie de son ami, Hamid demeura longtemps silencieux, se contentant de resservir la boukha.

Puis il prit la parole d'une voix douce, à peine audible, se résolvant à avouer ses sentiments. Il était amoureux de Jamil depuis leur première rencontre au bled, mais n'était pas sûr de ses orientations ni si son attirance était réciproque.

Jamil retomba brusquement sur terre. Il soupira, l'histoire se répète, se dit-il, pensant à son copain d'enfance, Abdou le Gazou. Il sourit tristement à Hamid.

REBEUX-CÉFRANCS

C'est également l'époque où Jamil découvrit les sites de drague gays sur le web. L'un d'eux se spécialisait dans les rencontres entre Rebeux et Céfrancs.

Un profil attira tout de suite son attention, celui de Bertram, qu'il trouva particulièrement séduisant: haute taille, semblait-il, svelte, à peine grisonnant, yeux bleu piscine et – surtout – beaucoup de classe, que l'on devinait sur les photos.

À près de soixante ans, l'homme recherchait, disait-il, une relation romantique de longue durée avec « un garçon plus jeune aimant réellement les hommes mûrs ». De surcroît, il habitait Paris, hors de portée du téléphone arabe de la cité. « Un keum sur-mesure pour moi ! », jubila Jamil. Il lui adressa aussitôt un appel à rencontre: pas de réponse. Il réitéra sa demande. Toujours pas de réponse.

Deuxième partie

BERTRAM

Mon épouse rencontra pour la première fois Jamil à la sortie de la crèche des Francs-Bourgeois. Elle attendait notre fille et lui ses adorables jumeaux, deux têtes blondes dont les grands yeux bleus ne manquaient pas d'intriguer les autres parents.

L'occasion se répétant, ils sympathisèrent. Babeth accepta de prendre un café chez Jamil, qui habitait à proximité immédiate de l'établissement. C'est ainsi qu'elle rencontra également Bertram, l'autre père des jumeaux. Très vite, nous devînmes tous amis.

Il s'agissait d'un couple surprenant, inattendu. Il y avait tout d'abord cette grande différence d'âge, que l'on oubliait cependant rapidement tant les deux paraissaient à l'unisson et faisaient montre de tendresse et de complicité.

Selon ce que nous révéla Jamil plus tard, il avait tout de suite remarqué mon épouse, qui fut flattée de la révélation, pour son élégance et son port altier. Et aussi – en fait surtout – pour son parfum dont je dois dire qu'elle use généreusement. Il nous dit l'adorer et s'enquit de la référence afin, nous dit-il, de l'offrir en cadeau. De fait, il s'agit d'une fragrance de mandarine et de citron vert élaborée depuis des lustres par Chanel.

Babeth fut très intéressée par l'histoire de Jamil, qu'il nous raconta par bribes au fil des soirées que nous organisions chez eux ou chez nous, et c'est elle qui m'incita à la retranscrire.

Elle fut effarée par le récit des premières expériences amoureuses du Berbère.

– Ces hommes étaient des pédophiles ! s'exclama-t-elle, le premier avait près de trois fois ton âge !

– Pas du tout ! C'est moi qui les ai tous dragués, s'insurgea Jamil. De leur côté, ils ne recherchaient pas forcément de jeunes garçons, ils ont simplement saisi l'opportunité.

– Je ne suis pas totalement convaincue, argumenta Babeth.

– Dès l'âge de douze ans, j'étais formé et j'éprouvais des désirs pour des hommes, mais seulement au-dessus de quarante ans, des vrais hommes, pas des gamins ! expliqua Jamil. C'étaient mes fantasmes à moi. Au même âge, mes camarades hétéros jouaient à touche-pipi entre eux. *À* quinze ans, ou même avant, la plupart des garçons gays ont leur première expérience avec d'autres garçons de leur âge ou juste un peu plus âgés. Moi, je l'ai eue avec l'homme qui correspondait à mes fantasmes, les mêmes fantasmes que j'ai conservés toute ma vie, poursuivit-il.

Il est vrai, me dis-je en l'écoutant, que la majorité sexuelle en France est fixée à quinze ans. Dès lors, il faut sur ces sujets propres à controverse s'en remettre à la sagesse du législateur : qu'importe l'âge de l'autre amant ? Il faut sans doute, me dis-je, d'une part respecter les désirs et la sexualité des adolescents concernés et, d'autre part, s'assurer qu'ils ne sont pas détournés par des adultes manipulateurs. C'est bien le sens et la lettre de la loi. Elle prévoit que l'amant plus âgé ne doit pas avoir un rapport d'ascendance ou d'autorité avec son jeune partenaire, ce qui est une précaution tout à fait judicieuse.

– On comprend parfaitement la vigilance des parents, renchérit Bertram. Pour le législateur, le sujet est d'autant plus sensible et délicat que certains arguments sont de l'ordre de la bien-pensance et de la morale. Et l'on sait que la morale évolue constamment. En 1792, poursuivit-il, apparemment bien au fait du sujet, on avait fixé l'âge légal du mariage à treize ans pour les filles et quinze pour les garçons, avec consentement parental. Jusqu'en 2005, l'âge légal du mariage était encore quinze ans pour les filles, voire plus jeune encore, si la demoiselle était déjà enceinte. Il suffisait alors de demander une dispense présidentielle. De nos jours, dans certains États américains, il n'y a toujours pas d'âge minimum et l'opinion ne le réclame pas, ajouta-t-il, dubitatif.

– Il faut bien reconnaître, admit Babeth, tout aussi perplexe, qu'il existe une grande diversité et beaucoup de versatilité dans les mœurs et les lois à travers le monde et les époques. À ce propos, les religions, notamment les trois religions du Livre, qui influencent directement nos valeurs et notre morale, n'ont pas sensiblement varié dans leurs fondements depuis des siècles. Toutefois, l'interprétation des textes évolue.

– Rappelons, intervint Bertram, que selon les textes écrits par des contemporains de Jésus – nos amis musulmans l'appellent Îsà, fils de Maryam – et selon quelques évangiles apocryphes postérieurs, Marie avait entre douze et quinze ans lorsqu'elle donna naissance à Jésus, ce qui était la norme à l'époque dans cette région du monde. C'est aussi la tranche d'âge que mentionnent les historiens spécialisés. En 1985, le pape Jean-Paul II a officialisé pour la Mère de Dieu l'âge médian de quatorze ans, plus acceptable par nos contemporains. Par ailleurs, on confond souvent le débat sur la majorité sexuelle – quinze ans me paraît être le bon âge – avec celui sur la différence d'âge dans le couple, laquelle est légitime si les deux partenaires sont consentants. L'opinion est souvent critique. Rappelons, poursuivit-il, que selon les Textes, Joseph devait, lui, avoir quatre ou cinq fois l'âge de son épouse. Jacques le Juste, qui était un disciple de Jésus et son contemporain, écrit même, dans ce que nous appelons aujourd'hui le Protévangile de Jacques, que le « père » de Jésus est mort à cent onze ans alors que ce dernier n'avait que dix-huit ans.

À court d'arguments, Babeth changea de sujet. Pourtant, après un échange de banalités, elle ne put contenir sa curiosité et revint à la charge :

– Bertram, si vous aviez rencontré Jamil lorsqu'il avait quinze ans, auriez-vous accepté ses avances ? D'une manière générale, êtes-vous aussi sorti avec des garçons ou des filles de quinze ans ?

Bertram sourit.

– Non ! répondit-il, car je n'ai jamais été intéressé par les très jeunes gens, ce n'est pas du tout mon goût. En revanche, je peux comprendre que les adolescents aient besoin d'expérimenter leur sexualité. Et personne n'est en droit de juger leurs fantasmes et leurs attirances au nom d'une morale fluctuante, d'origine religieuse. En ce qui me concerne, mes amants étaient tous majeurs. Presque tous étaient plus jeunes que moi, certains beaucoup plus jeunes, comme Jamil que j'ai rencontré à l'approche de la soixantaine. Curieusement peut-être, cela n'a pas été le cas des trois ou quatre femmes qui ont compté dans ma vie amoureuse. Ma chance est que ces amants plus jeunes étaient tous demandeurs, c'est presque toujours eux qui m'ont dragué : je suis timide !

Jusqu'ici, l'histoire de Jamil, telle que je l'ai relatée, suit le plus fidèlement possible le récit qu'il me fit de sa vie, confirmé et corroboré par trois de ses quatre ravissantes sœurs que j'eus le bonheur de rencontrer un peu plus tard.

Désormais vont se compléter ou se confronter les deux versions, celle de Jamil et celle de Bertram.

SÉVÈRE DÉPRIME

Après le décès accidentel de son amant, un top model avec qui il avait vécu dix années passionnées, Bertram s'était enfoncé dans une profonde dépression.

– Les deux pires années de ma vie, me confia-t-il, malgré l'aide du psy génial que je consultais et sans qui je ne me serais pas relevé.

Consultant en stratégie pour de grands patrons et quelques hommes politiques, il s'était raccroché comme il avait pu à son passionnant travail. Parallèlement, il s'était lancé dans une série de rencontres éphémères, dans le seul but de s'étourdir et d'oublier sa peine, ce qui était, bien évidemment, parfaitement illusoire.

De surcroît, il voyageait constamment pour affaires, ce qui ne favorisait pas les rencontres romantiques durables. « À plus de cinquante ans, jamais plus je ne retomberai amoureux », pensait-il. Il ne le souhaitait d'ailleurs pas, me confia-t-il, car il avait « épuisé son potentiel de chagrin ».

CUBA LIBRE !

Au cours d'un voyage professionnel à Cuba, Bertram fut invité à l'inauguration de la fondation Havana Club, à l'époque l'un des plus beaux espaces culturels de la grande île. La fine fleur de l'art contemporain cubain y exposait ce jour-là ses meilleures productions. Le « Maître », Manuel Mendive en personne, avait parsemé l'espace de ses tableaux et de ses statues vivantes, des garçons et des filles au physique sculptural dont le corps était entièrement peint aux couleurs de la Santeria, le vaudou local dont il était par ailleurs l'un des officiants. Bertram rit à la vue de l'archevêque de La Havane, présent au cocktail, sursautant lorsqu'une de ces statues, un éphèbe nu comme un ver mais recouvert de peinture blanche et de dessins multicolores, s'anima brusquement à son passage pour le saluer d'une gracieuse pirouette.

L'orchestre du *Buena Vista Social Club*[34] jouait les classiques de son répertoire. Noël, le Français qui dirigeait

34. Groupe formé dans les années 90 à Cuba pour faire revivre le « son », la musique d'avant la révolution cubaine, avec les musiciens de l'époque. Les musiciens ou « soneros » sont familièrement appelés l'« Orquestra », l'orchestre.

la fondation avec énergie et talent, était en effet parvenu à retrouver et réunir quelques-uns des *soneros* survivants de l'Orquestra, dispersés depuis la *Revolucion*. Wim Wenders venait de leur consacrer un film.

En discussion avec les officiels cubains dans le patio de la splendide maison coloniale récemment restaurée qui abritait la fondation, Bertram remarqua un étrange trio, deux femmes et un homme, tous les trois magnifiques et de haute stature. De toute évidence, ils l'observaient depuis la galerie du premier étage qui entourait le patio. Assurément les plus belles personnes de la soirée. Levant les yeux vers la galerie où ils évoluaient, il les suivit du regard tout en poursuivant sa conversation.

Soudain, le trio disparut, à son grand désappointement. À peine quelques minutes plus tard, on le tirait avec insistance par la manche, sans aucun respect pour les interlocuteurs de Bertram. C'était l'une des deux jeunes femmes.

– *¡Eres guapisimo*[35]*!* lui dit-elle à voix basse.

– Toi aussi, tu es très belle ! lui répondit-il, flatté, dans son meilleur espagnol. De même que ton ami, ajouta-t-il à voix basse.

Elle rit et s'éclipsa tandis que Bertram reprenait sa conversation avec le Premier ministre cubain qui avait observé la scène avec surprise et indulgence, sans toutefois percevoir le contenu de la conversation.

À la sortie de la réception, c'est le garçon, Barbaro, qui l'attendait. Bertram réussit à lui fixer discrètement rendez-vous pour plus tard, dans la nuit, après son dîner officiel à l'ambassade.

35. Tu es magnifique !

Ils se retrouvèrent donc, en dépit de la panne d'électricité générale qui, cette fois encore, plongea La Havane dans la plus noire des obscurités. Et cette nuit-là, Bertram ne dormit pas à la résidence officielle réservée aux invités du gouvernement.

– Nous t'avions tous les trois repéré, lui raconta Barbaro. Et on avait bien vu que tu nous regardais aussi. Mais on ne savait pas lequel d'entre nous t'intéressait ; on s'est donc séparés pour vérifier qui ton regard suivrait. Malheureusement, tu nous as perdus de vue. Et ma copine Doraïda a été la plus rapide pour t'accoster ! Bonne joueuse, elle m'a prévenu que c'était plutôt moi qui t'intéressais.

Bertram revint très vite à Cuba, d'abord pour de courtes vacances. Barbaro l'avait introduit dans le Havane underground de l'époque où évoluaient également l'élite culturelle ainsi que quelques officiels en goguette secrète. Cette scène semi-clandestine était en grande partie gay, l'homosexualité étant par ailleurs toujours interdite.

Grâce à la nièce de Fidel, la fille de Raul, une certaine tolérance s'était cependant installée, en contraste avec le couvercle de plomb des années précédentes.

Bertram menait ainsi une double vie au cours de ses voyages à Cuba, que seule l'ambassadrice, dont il était devenu ami, connaissait. Et sans doute quelques membres de la « Stasi » locale.

Au cours de ses missions dans l'île, les dîners officiels à l'ambassade étaient fréquents. Ils étaient parfois honorés de la présence de Fidel, qui aimait s'inviter à l'improviste aux dîners de l'ambassadrice. À l'improviste ou presque.

– Dans l'après-midi, l'ambassade recevait la visite des responsables de la sécurité du *Lider Máximo*[36]. Une pièce était sécurisée à l'intérieur de l'ambassade pour son usage exclusif, en dépit du principe d'exterritorialité, sans toutefois que la visite ne soit certaine, me raconta Bertram qui avait plusieurs fois assisté à l'événement.

Au cours de la soirée, trois grosses limousines allemandes faisaient leur apparition devant le porche de l'ambassade, sans que l'on sache laquelle transportait le président. Il s'engouffrait alors rapidement à l'intérieur.

– Et de quoi parle-t-on avec Fidel ? lui demandai-je, curieux.

– De fait, me répondit-il, c'est surtout Fidel qui parlait, il adorait discourir ainsi que l'on sait. Un jour, un de nos jeunes ministres fraîchement nommé a eu la grande fierté et la demi-surprise de voir Fidel s'inviter à l'ambassade, selon le schéma que je viens d'exposer. Le ministre crut bon d'improviser un toast à l'apéritif : « Vive l'amitié franco-cubaine ! » Et, donc, Fidel lui répondit ! Pendant deux heures. Évidemment, pas question de goûter aux plats avant qu'il n'ait terminé son discours, au grand désespoir de l'ambassadrice et de ses soufflés !

– Incroyable ! dis-je, interloqué.

– Une autre fois, j'étais placé à table à proximité de Fidel. Il faut savoir que, chaque jour, quelqu'un épluchait les dépêches AFP pour lui et lui en faisait un résumé écrit. Ce jour-là, Fidel s'était intéressé à un article sur l'ostréiculture en Bretagne, se passionnant pour le sujet. Ce fut son seul thème de conversation de la soirée.

36. Le « leader suprême », l'une des appellations pour désigner Fidel.

En fait, il était beaucoup mieux documenté sur les huîtres bretonnes que chacun de nous et nous posait avec une satisfaction évidente colle sur colle.

MENDIVE

Barbaro était intime du peintre Mendive, son maître en Santeria, dont la renommée internationale avait fait un personnage incontournable et intouchable de la scène artistique cubaine. Le Maître avait ainsi acquis une reconnaissance quasi officielle qui lui permettait de quitter l'île en toute légalité à l'occasion de chacune de ses expositions en dehors de Cuba.

Bertram fut très impressionné par Mendive, chez qui Barbaro se fit une fête de le conduire. Alerté par le moteur de la voiture de location, le Maître les attendait, debout sur le seuil de sa maison située en pleine campagne.

De haute stature, il était revêtu d'une toge et coiffé d'un volumineux turban, à l'africaine, qui le rendaient encore plus imposant. En raison d'une forte claudication, il s'appuyait de chaque côté sur l'avant-bras d'un éphèbe sculptural.

Il serra Bertram dans ses bras, comme s'il s'agissait d'un vieil ami, puis Barbaro, et les invita à prendre place autour de la table où les attendaient d'autres magnifiques jeunes gens. En fin d'après-midi, Mendive, passant en revue les toiles éparpillées dans l'atelier, expliqua à Bertram leur signification profondément ésotérique. Celui-ci en profita pour lui acheter un ou deux tableaux pour lesquels il obtint une autorisation d'exportation par l'entremise de l'ambassadrice. L'année suivante, il fut honoré que Mendive lui rende visite chez lui à Paris, à l'occasion d'une tournée en Europe.

À l'extérieur de La Havane, Barbaro et Bertram se rendirent également chez Diago, alors étoile montante de la scène picturale havanaise et fils d'un autre peintre du même nom, déjà renommé.

– Quand tu es arrivé, je n'en croyais pas mes yeux, dit Diago à Bertram. C'est toi qui conduisais alors qu'un *compañero*[37] mulâtre était assis sur le siège du passager ! Le monde à l'envers !

– Mais pourquoi ? s'étonna Bertram. La société cubaine est très mélangée et Fidel est le chantre de l'égalité entre les citoyens du monde, quelles que soient leur race ou leur origine.

Diago s'esclaffa :

– Toi qui as rencontré Fidel et beaucoup de membres du gouvernement, as-tu vu un seul ministre noir ou même mulâtre ? demanda-t-il, ironique. Or, nous représentons au moins 80% de la population.

Bertram demeura songeur. Il avait en effet rencontré quelques hauts fonctionnaires noirs et métis, notamment des femmes, à des postes de tout premier plan, mais jamais au niveau ministériel.

37. Camarade.

– Des postes alibis ! affirma Diago, péremptoire.

Diago était alors dans sa période monocolore. Bertram lui acheta deux toiles qu'il put ramener, elles aussi, à Paris et que j'ai eu, depuis lors, l'occasion d'admirer chez lui.

Un autre jour, Barbaro l'emmena chez Alberto Díaz Gutierrez, l'auteur du fameux portrait du Che au béret. Le vieil homme n'avait tiré aucun avantage pécuniaire du cliché, les droits d'auteur n'étant pas reconnus à Cuba alors que d'autres, à l'étranger, avaient réalisé des fortunes en commercialisant ses photos ou des objets sur lesquels elles étaient reproduites.

Alberto prit le temps de leur montrer ses planches contact originales. Il leur raconta en détail son histoire que Barbaro connaissait déjà par cœur : il était devenu, presque par hasard, une sorte de portraitiste officiel du régime après que sa photo eut été plébiscitée par le monde extérieur, puis par le régime.

LE RHUM ET LA FÊTE

C'était une époque folle de fêtes gay-friendly clandestines, réunissant plusieurs centaines de personnes, quelquefois plusieurs milliers, auxquelles avaient la chance de pouvoir également participer quelques touristes avertis. On y consommait du rhum bon marché agrémenté de quelques gouttes de cola.

Chaque participant apportait sa propre bouteille. Lorsque les premières gorgées de rhum avaient été bues à même le flacon, on rétablissait le niveau en ajoutant le précieux cola dont le prix était plus élevé que celui du rhum. C'était la version révolutionnaire du Cuba libre !

Le lieu de la fête, toujours insolite, était révélé à la dernière minute aux noctambules qui relayaient ensuite l'information, laquelle se propageait à la vitesse de l'éclair, en dépit de l'absence de téléphones mobiles. En quelques poignées de minutes, des centaines de jeunes Cubains convergeaient par tous les moyens vers le lieu indiqué. Les organisateurs percevaient un droit d'entrée de quelques pesos pour les Cubains et d'un dollar pour leurs amis étrangers. Forcément très bruyantes, les réjouissances clandestines étaient fréquemment interrompues par l'arrivée tonitruante de la police. Des guetteurs prévenaient les fêtards, lesquels s'égaillaient en riant dans toutes les directions.

Bertram me raconta que l'une de ces fêtes clandestines auxquelles il avait participé avait été organisée dans un parc floral en principe clos la nuit, une autre sur le toit-terrasse d'un immense bâtiment officiel – ils s'échappèrent par les toits voisins et par les issues de secours pourtant condamnées –, une autre encore en pleine campagne. Chaque fois, ces fêtes s'étaient terminées par des courses-poursuites. La transgression des interdits rendait ces soirées encore plus excitantes.

Se sentant revivre en dépit de son chagrin, Bertram multiplia les séjours à Cuba, avec ou sans prétexte professionnel. Un peu comme une thérapie.

Lorsqu'il débarquait dans l'île, il passait sa première nuit à l'hôtel Nacional à la décrépitude magnifique, interdit aux Cubains, comme tous les hôtels à l'époque. Puis il s'éclipsait pour séjourner avec Barbaro dans un Bed & Breakfast clandestin, presque toujours le même, tenu avec les moyens du bord par un couple gay raffiné et cultivé.

Barbaro lui fit aussi rencontrer les danseurs de l'Opéra, ceux du ballet folklorique et ceux du mythique Tropicana. Et aussi quelques talentueux chorégraphes contemporains officiant en underground. La meilleure amie de Barbaro, Eruadyé, la troisième du trio que Bertram avait remarqué lors de la soirée à la fondation Havana Club, était elle-même danseuse classique et contemporaine. Elle sortait avec un photographe allemand très amoureux qui la shootait en permanence sous tous les angles. Les portraits de la belle firent bientôt le tour du monde. Elle fut également la vedette d'un extraordinaire long-métrage, *7 jours, 7 nuits*, tourné secrètement à La Havane avec des comédiens presque tous amateurs mais crevant l'écran. Plus tard, elle parvint à rejoindre les États-Unis et y entreprit une carrière de top model.

Bertram et Barbaro retrouvaient la troupe du film après le tournage dans un vieux palais décrépit, devenu hangar lui-même désaffecté. Le programme était toujours le même : rhum, salsa et ganja. Grâce à l'ambassadrice qui le ravitaillait, Bertram était chaque fois en mesure d'apporter quelques bouteilles de Havana Club, assurément le roi des rhums, que les Cubains n'avaient pas les moyens de s'offrir, ce qui enchantait les participants.

À l'ambassade, il avait pu déguster un rhum issu de la même distillerie, de plus de cinquante ans d'âge, cadeau de Fidel à l'ambassadrice. Il dut reconnaître que cette grande eau-de-vie se comparait avantageusement aux plus grands spiritueux du monde. Il avait récidivé avec le même bonheur chez le patron de la fondation Havana Club qui collectionnait quelques crus exceptionnels. Celui-ci lui expliqua comment le savoir-faire inestimable des maîtres de chais de l'île avait été transmis avec passion de génération en génération, puis avait été heureusement préservé des contraintes mercantiles et des innovations marketing par la *Revolucion*. C'est ainsi qu'il avait pu conserver son incomparable authenticité.

Plus tard dans la nuit, Doraïda les entraînait dans les dancings populaires de La Havane. En dépit de la proximité des États-Unis, dont les radios mal brouillées par les autorités étaient largement écoutées, Bertram put vérifier que la salsa était la seule musique faisant réellement vibrer la jeunesse de l'île.

Le *son*, la musique des années cinquante du Buena Vista Social Club, redécouverte dans les années quatre-vingt-dix, célébrée et devenue culte dans le monde capitaliste, demeurait totalement inconnu des jeunes générations cubaines. Cette musique avait disparu pendant la *Revolucion* à la suite de la fermeture des clubs, jugés décadents, dans lesquels se produisaient les musiciens de l'époque. Malgré le soutien d'Hemingway, pourtant proche de Fidel.

Grâce au succès à l'étranger du film de Wim Wenders, les *soneros* de l'Orquestra avaient obtenu des autorités cubaines un visa de sortie du pays et purent entreprendre leur incroyable tournée aux États-Unis. Le point culminant fut le célèbre concert à guichets fermés au Carnegie Hall, dont la plupart des Cubains de l'île n'entendirent jamais parler.

L'année précédente, Bertram avait fait la connaissance des musiciens, tous octogénaires, dans le cadre de ses missions dans l'île. Il fut donc heureux de présenter Ibrahim Ferrer, Compay Segundo et Rubén Gonzalez à Barbaro et Doraïda.

Malgré leur succès mondial, les fameux *soneros* vivaient dans une grande précarité. L'un d'eux, souffrant d'insuffisance cardiaque, devait compter sur ses visiteurs étrangers, dont Bertram, pour lui apporter les médicaments indispensables mais introuvables dans l'île, et qu'il n'aurait de toute façon pas eu les moyens de s'offrir au marché noir.

Quelques mois plus tôt, en visite officielle à Cuba, Sophie d'Espagne avait boudé un ennuyeux banquet officiel, laissant son royal époux avec le *Lider Máximo* pour aller dîner avec quelques amis à la Guarida. L'anecdote fit le tour du monde. Cet incroyable restaurant clandestin, installé dans un palais en ruine – une pure merveille de l'architecture baroque coloniale laissée à l'abandon par le régime –, venait par ailleurs d'être immortalisé à l'étranger par le film underground *Fresa y Chocolate*[38].

Depuis lors, les restaurants « privés » semi-clandestins fleurissaient dans l'île, au grand agacement des autorités qui les toléraient – quatre tables maximum et un seul service – puis les fermaient sans préavis. Toutefois, en raison sans doute de la protection de la reine Sophie et de l'abondante couverture médiatique générée en dehors de Cuba, elles n'osèrent jamais inquiéter les propriétaires de la Guarida.

Bertram fréquentait assidûment ce lieu attachant que lui avait fait connaître son ami Philippe, un producteur français de groupes musicaux, tombé amoureux d'un jeune Cubain au profil de pâtre grec. À tel point qu'il pensait acheter sur place, pour la restaurer et l'habiter, une magnifique maison coloniale encore occupée par sa propriétaire d'origine.

38. « Fraise et chocolat », le film connut un grand succès d'estime en Europe et aux États-Unis.

Celle-ci était parvenue à conserver sa résidence, résistant à toutes les réquisitions révolutionnaires, au prix de quelques compromissions. Elle n'avait, hélas, plus les moyens de l'entretenir et Philippe était sa bouée de secours.

Pourtant, ce n'était pas gagné ! D'une part, la propriété privée étant interdite, la vieille dame n'était plus la propriétaire en titre mais seulement l'occupante des lieux et, d'autre part, les étrangers n'étaient pas autorisés à acquérir un bien dans l'île.

Par ailleurs, Eusebio, l'*historiador*[39] de la vieille ville en charge de sa restauration, avait la vieille dame dans sa ligne de mire. De temps à autre, au fil de ses besoins pécuniaires, elle lui vendait un lustre ou une pièce de mobilier aussitôt réinstallés dans un palais nouvellement rénové. Il attendait patiemment, elle le savait, qu'elle ait épuisé toutes ses ressources pour mettre la main sur le bâtiment, à ses conditions.

Philippe et la vieille dame avaient donc mis au point une stratégie complexe avec l'aide d'un prête-nom, en l'occurrence le père du jeune amant cubain du Français. Celui-ci devrait « permuter », c'est-à-dire échanger le droit d'occupation de son propre appartement familial contre celui de la vieille aristocrate.

Celle-ci n'ayant toutefois pas l'intention de s'installer dans le modeste logement du père, plusieurs « permutations » en cascade étaient en réalité nécessaires, validées à chaque étape par l'administration, grâce à une série de *propinas*, la version cubaine du bakchich.

39. Conservateur en chef.

Il y avait, en effet, une bourse clandestine des droits de permutation qui ne pouvait fonctionner qu'en raison de la corruption de l'administration concernée.

Il fallait aussi, bien évidemment, rémunérer à chaque étape chacun des « permutés » et s'armer de patience.

C'était une organisation compliquée qui donnait à Philippe, s'il en était besoin, prétexte à ses nombreux déplacements dans l'île dont il était devenu un fin connaisseur.

Finalement, son jeune amant étant parvenu à sortir de l'île et à le rejoindre à Paris avant le terme du processus, Philippe trouva plus simple de s'installer à... Rio. Il y restaura avec un goût parfait un ancien palais, situé au sommet d'une colline d'où les vues sur la rade et la forêt sont époustouflantes. C'est aujourd'hui l'une des plus belles demeures de la ville, souvent louée par les organismes français pour leurs réceptions de prestige.

Pour l'heure, La Havane se préparait à recevoir la première visite du pape, un événement improbable et historique. On réouvrait à la hâte quelques églises, on rafistolait la cathédrale jusqu'ici délaissée, on briquait les façades magnifiques du parcours papal, délabrées depuis plus d'un demi-siècle. On érigeait également sur le reste du parcours du souverain pontife des palissades cache-misère peintes de slogans à la gloire du Che, de Fidel et de la *Revolucion*.

Par ailleurs, Fidel s'apprêtait à nationaliser le parc privé des voitures américaines, réalisant l'attrait qu'elles exerçaient sur les touristes. Elles dataient toutes d'avant la *Revolucion*. En raison de l'embargo américain, aucune pièce de rechange n'était parvenue dans l'île depuis la fin des années cinquante et les belles américaines ne devaient leur survie qu'à l'ingéniosité des mécaniciens cubains pour les remettre en état de rouler, d'effectuer quelques kilomètres de plus, avec des pièces faites main. Les Lada importées d'URSS au cours des décennies suivantes avaient presque toutes rendu l'âme. Au contraire, les Chrysler Windsor, Chevrolet Bel Air et autres Cadillac, la plupart transformées en taxis clandestins, faisaient toujours la fierté de leurs propriétaires et la joie des touristes, même s'il fallait souvent accepter de les pousser.

Bertram adorait les déplacements dans ces taxis clandestins. Et surtout les rencontres toujours surprenantes qu'il y faisait. Un soir, son chauffeur lui dit être professeur de médecine pendant la journée. Son salaire en tant que tel était l'équivalent de vingt ou trente dollars par mois. Les touristes lui rapportaient dix fois plus. Évidemment, son assiduité à l'université tout comme à l'hôpital en souffrait. L'exemple n'était pas isolé.

Par ailleurs, l'Unesco venait de classer la vieille ville dont on commençait à restaurer quelques palais, grâce à cette manne inattendue mise à la disposition d'Eusebio, l'*historiador*.

Enfin, cerise sur le gâteau pour le petit peuple de La Havane pour qui c'était là le plus important, le gouvernement s'apprêtait à annoncer l'autorisation officielle d'importer et de commercialiser des cafetières électriques !

Bref, La Havane bouillonnait d'espoir et de créativité.

Pourtant, sceptique quant à l'étendue, la rapidité et la durabilité du changement, Barbaro, lui, rongeait son frein. Ainsi que tous les jeunes Cubains que Bertram fut amené à rencontrer, il avait pour objectif principal celui de s'expatrier, quelle que soit la destination, quelles que soient les conditions. À cet égard, le Français représentait pour lui un réel espoir de liberté.

De son côté, Bertram n'était pas vraiment amoureux. À cette époque, encore sous le coup du deuil qui l'avait frappé, il considérait son aventure cubaine comme un puissant dérivatif qui l'aiderait à sortir de sa déprime.

Il pensait avec tendresse et nostalgie à son premier séjour privé à Cuba, quelques années auparavant. Avec son amant mannequin et leur meilleur ami, Jean-Pierre, ils avaient sillonné l'île, de La Havane jusqu'à Santiago, au volant d'une vieille Dodge qui tombait en panne tous les cinquante kilomètres. Un jour, égarés au centre de l'île dans un lieu sans touristes, ils cherchaient désespérément un restaurant. Dans un village perdu, ils virent « *Cantina* » au fronton d'un bâtiment et poussèrent la porte. Un grand silence s'établit immédiatement.

– Pouvons-nous déjeuner ? demanda Bertram.

– Je vais voir, dit le responsable du lieu qui se dirigea vers l'un des convives.

Il revint :

– Le *compañero* responsable du parti, là-bas, dit que c'est possible !

– Quel menu ?

– *¡Cristianos y moros*[40]*!*

40. « Chrétiens et Maures », appellation populaire du plat national composé de riz blanc et de haricots noirs.

Évidemment ! Dans toute l'île, dans tous les restaurants, il n'y avait qu'un plat unique : du riz agrémenté de haricots noirs.

– Comment allez-vous payer ?

– En dollars, puisque nous ne sommes pas autorisés à détenir des *pesos*.

L'homme repartit consulter.

– C'est d'accord pour que j'encaisse des dollars, mais je ne suis pas autorisé à rendre la monnaie.

Au moment de régler l'addition, l'homme revint, la mine consternée :

– Je vous avais dit que je ne pourrais pas rendre la monnaie de vos dollars !

– On est d'accord, camarade, le rassura Bertram, un peu inquiet tout de même. Combien te doit-on ?

– Eh bien, cela sera un dollar. Sans monnaie !

– C'est ma tournée ! intervint Jean-Pierre, hilare.

Pour l'heure Bertram pensait que Barbaro n'était pas du tout préparé à la vie dans « l'enfer capitaliste » à propos duquel fantasmaient les jeunes Cubains. Il serait forcément déçu par la dure réalité de la vie en France, avec ou sans papiers.

À contrecœur, il finit cependant par se laisser convaincre d'aider le Cubain à sortir de l'île-prison. Avec la bienveillance de l'ambassadrice, avec l'appui d'un ministre français et aussi grâce à quelques interventions locales plus ou moins officielles, rémunérées ou non.

En quelques mois, qui parurent interminables au Cubain, Bertram parvint à réunir toutes les autorisations nécessaires pour que Barbaro se voie accorder un passeport cubain, puis un visa français.

Il fut donc bientôt en mesure de venir le chercher. Avec un billet de première classe. Barbaro exultait !

BARBARO

Après l'euphorie des premières semaines à Paris, Barbaro trouva effectivement que la vie en Europe était fade. Les femmes étaient trop réservées, sans sex-appeal, au contraire des Cubaines dont les formes généreuses débordaient de partout et qui n'hésitaient pas à vous apostropher si vous leur plaisiez. De surcroît, les Français ne savaient pas danser.

Un jour, il rentra catastrophé d'une promenade au jardin du Luxembourg :

– Un grand malheur est en train de se produire, dit-il à Bertram. Tous les arbres de Paris sont en train de mourir ! La pollution ici, c'est terrible.

C'était l'automne et il n'avait encore jamais vu un arbre perdre son feuillage.

Une autre fois, Bertram se pencha sous le lit pour récupérer un objet égaré. Il aperçut alors une pierre étrange qui, à l'examen, se révéla être une tête grimaçante, grossièrement sculptée. La pierre lui lançait un regard hostile. L'explication fut qu'il s'agissait de Santa Barbara, la sainte protectrice de Barbaro, laquelle devait immédiatement retrouver sa place sous le lit, faute de quoi l'on n'éviterait pas sa terrible colère.

Bertram avait juste oublié que Barbaro était un fervent adepte de la *Santeria,* la religion des « saints », proche du vaudou. Selon ce culte syncrétique entre catholicisme et religion africaine yoruba, imaginée par les esclaves pour mieux tromper leurs maîtres chrétiens, Santa Barbara était en réalité le faux-né du fils adoptif d'Obbatalà, le féroce Chango, maître du tonnerre et de la guerre, siégeant au sommet du panthéon yoruba. C'est pourquoi le 4 décembre à Cuba, à la grande satisfaction du clergé catholique – est-il dupe ? –, toute l'île fête dans l'allégresse Santa Barbara dans les églises encore ouvertes.

Impressionné et conciliant, Bertram replaça prestement la « pierre » à sa place assignée, sous le lit. Il réalisa bientôt que tous les Cubains qu'il connaissait à Paris, quelle que soit la couleur de leur peau, étaient eux aussi adeptes de cette religion à la mythologie compliquée. Des saints impitoyables imposent à leurs adeptes des rites incompréhensibles, interminables et très contraignants. Il avait assisté à une cérémonie *santera* à La Havane et comprit qu'il en aurait aussi l'occasion à Paris.

Il n'attendit pas longtemps : rentrant à l'improviste d'un voyage, il se retrouva en pleine cérémonie *santera* chez lui, un décor coloré ayant été installé dans son salon. Une forte odeur sucrée se dégageait des vases de fleurs tropicales qui parsemaient la pièce.

À La Havane, Barbaro dansait à temps partiel avec la troupe folklorique nationale. À Paris, Bertram le présenta donc à Jérôme Savary qui officiait aux Bouffes Parisiens, dont la ravissante épouse était cubaine.

– Il m'intéresse vraiment ! lui dit Jérôme après une première rencontre, envoie-le-moi.

À la consternation de Bertram, Barbaro, lui, n'était pas enthousiaste à l'idée de rejoindre la troupe. Il s'estimait trop âgé pour recommencer à Paris une carrière de danseur. Il finit par confier son rêve secret : devenir... coiffeur. Bertram fut abasourdi. Cependant, il demanda conseil à son ami Gérald, un talentueux visagiste parisien qui avait fait ses premières armes sur Le France, en coiffant le gotha international au cours de croisières autour du monde. Celui-ci le recommanda au président du Syndicat de la haute coiffure qui accepta de faire faire un test au protégé de Bertram.

Après les deux premières semaines :

– Ce garçon a des dons exceptionnels, dit le président à Bertram, il doit absolument continuer dans cette voie ! Je me charge de sa formation, même s'il a déjà vingt-huit ans !

C'est ainsi que Barbaro, après une formation accélérée, obtint son diplôme et devint un coiffeur très demandé spécialisé dans les tournages et les grands mariages juifs.

À Paris, les Cubains se connaissent tous, notamment la nombreuse communauté gay qui est très soudée. L'arrivée de Barbaro fut saluée par une fête gigantesque à laquelle furent conviés Bertram et ses amis, ainsi que les amants français de ces messieurs. Puis l'opération se renouvela, cette fois chez Bertram. Puis une autre fête encore. Bertram laissait faire. L'activité vibrionnante et la bonne humeur chronique de Barbaro, dès lors qu'il s'agissait de fête et de salsa, continuant de contribuer efficacement à l'amélioration de son moral.

Bête de sexe torride, à la cubaine, Barbaro était sans cesse en quête de nouvelles expériences. Et de nouvelles sensations ! Dans le milieu gay parisien, son physique excitant, son accent délicieux et sa réputation tropicale n'en finissaient plus d'attiser les convoitises. Et sur les plateaux, on se l'arrachait. De quoi lui tourner la tête.

Bertram tint bon une année entière et une autre encore. Puis il se lassa d'être sans arrêt en compétition, un combat perdu d'avance, tant le Cubain était incapable de résister aux tentations. Il se résolut à lui demander de se chercher un autre hébergement ou un autre protecteur, ce qui ne prit que quelques semaines.

Bertram était amer. Pourtant, l'aventure cubaine avait été bénéfique. Reprenant goût à la vie, sans toutefois jamais oublier son amant disparu, il avait enfin réussi à surmonter son immense chagrin. Une nouvelle vie commençait.

MICKEY

Dans un bar gay-friendly, Bertram rencontra un garçon issu des cités qui lui donna rendez-vous en ligne, sur le fameux site Rebeux-Céfrans. Intrigué, Bertram créa un profil, téléchargea une ou deux photos, retrouva effectivement le garçon en question, avec qui il eut une aventure de quelques mois.

Jeune, mignon, bien gaulé, sexy, Abdel travaillait à l'animation chez Disney en tant que danseur et comédien, ce qui l'amenait à distribuer, avec fierté, moult autographes sous les diverses identités qu'on lui demandait d'endosser. Les comédiens étaient logés sur place, dans une sorte de caserne située à l'orée du parc, où ils pouvaient cependant recevoir, pendant la journée exclusivement, un invité à la fois, à condition que celui-ci soit dûment enregistré au préalable.

Par ailleurs, en raison des horaires très contraignants et du système de pénalités instauré par les autorités du Parc, Abdel pouvait difficilement se rendre à Paris et découcher. C'est donc Bertram qui devait se déplacer, en journée, sauf pendant les jours de congé d'Abdel qui le rejoignait alors à Paris.

La plupart de ses amis travaillaient également chez Disney. De sorte qu'ils évoluaient tous dans un monde clos, régenté d'une main de fer par Mickey, au risque pour chacun de se retrouver réduit au personnage qu'il interprétait.

Pour la plupart d'entre eux, notamment pour Abdel qui était parvenu à s'extraire de son milieu d'origine, Disney avait été un rêve auquel ils avaient aspiré. Peu imaginaient une échappatoire.

De son côté, Bertram n'avait pas un attrait excessif pour la vie de caserne et le monde enfantin de Mickey ne l'amusait pas. Il se lassa, ses visites à Jack Sparrow s'espacèrent.

Puis il oublia le garçon, le site grâce auquel ils s'étaient retrouvés et le mot de passe qui lui aurait permis d'y accéder. Après tout, il ne recherchait pas particulièrement les profils « typés » que proposait Rebeux-Céfrans et préférait, à l'ancienne, les rencontres en direct aux dragues virtuelles.

De surcroît, les Rebeux – il en connaissait plusieurs dans le milieu gay – vivaient souvent mal leur sexualité, s'astreignant à une double vie compliquée et éprouvante pour eux-mêmes, pour leur entourage et pour leurs familles, même si ce n'était pas le cas d'Abdel.

En réalité, cette double vie ne trompait personne. Mais les familles préféraient généralement les non-dits et les faux-semblants plutôt que d'affronter la réalité et leur communauté.

La schizophrénie familiale aggravait le mal-être et le sentiment de culpabilité des adolescents – et plus tard des adultes – concernés et les privait malheureusement du soutien dont ils auraient eu tant besoin.

La première expérience de Beltram avec un garçon arabe remontait à ses jeunes années, au cours de vacances à Marrakech. Un garçon de son âge l'avait abordé dans les jardins de la Koutoubia :

– *Yalla njibo dowra, ghazal !* (Allons faire un p'tit tour, mon gazou !) invita le garçon.

D'abord sur ses gardes, Bertram fut vite conquis par le sourire charmeur, le teint hâlé et les lourdes boucles encadrant un parfait visage de pâtre grec. Il le suivit chez lui dans un petit appartement à la propreté méticuleuse.

– Je suis « actif », déclara d'emblée le garçon.

– Pas de chance, moi aussi, répondit Bertram déçu, s'apprêtant à repartir.

– Mais je peux faire une exception, si tu n'en parles à personne, compléta le garçon.

L'après-midi fut un enchantement. Alors que Bertram se rhabillait pour retourner à son hôtel, le garçon intervint :

– C'est toi qui m'as baisé, tu dois me faire un cadeau. Pour mon honneur !

Interloqué, furieux même, Bertram demanda :

– Et quel cadeau suis-je censé te faire ?

– Un paquet de cigarettes, des marocaines !

Bertram sourit, se rendit à l'échoppe voisine. Pour quelques centimes, il put rendre à Youssef son honneur. Au cours de ses voyages ultérieurs, il apprit que tous les jeunes gays du Maroc étaient actifs, sauf si l'on insistait et que l'on promettait de ne le dire à personne.

De temps à autre, Bertram recevait sur sa boîte mail une relance du site Rebeux-Céfrans indiquant qu'un garçon lui avait envoyé un message. Mais impossible d'en connaître le contenu sans mot de passe. Il ne faisait d'ailleurs aucune tentative pour le retrouver.

Il rencontra d'autres hommes, tous beaucoup plus jeunes que lui et tous attirés par des hommes mûrs. Mais la relation ne durait généralement pas plus de quelques semaines. Les garçons souhaitaient presque tous faire toutes ces choses trépidantes et indispensables quand on a vingt-cinq ans alors que Bertram ne rêvait que de week-ends tranquilles dans sa longère près de La Baule. Ou encore d'escapades culturelles à deux ou trois heures d'avion, dans les villes où l'avaient conduit ses obligations professionnelles mais qu'il n'avait pas eu le temps de vraiment explorer. « J'en connaissais surtout les aéroports, les grands hôtels, les bons restaurants et ce que l'essentiel de ce qu'on montre aux touristes de base », me raconta-t-il.

REBEUX-CÉFRANS

Un soir, Bertram reçut sur sa boîte mail un nouveau message du site avec un lien sur lequel il cliqua. Miracle ! Cette fois, le site s'ouvrit sur son profil. Il vit qu'il avait reçu une multitude de sollicitations depuis presque deux ans, dont un grand nombre de messages émanant de Jamil, échelonnés sur plusieurs mois. D'autres messages étaient signés de pseudos différents. Cependant, le style, les expressions employées et la même étonnante écriture phonétique lui firent soupçonner qu'ils étaient du même auteur : Jamil. Ou plutôt « El Zagori[41] », car c'était le pseudonyme principalement utilisé. Les photos jointes étaient totalement disparates et faisaient même douter qu'il puisse s'agir de la même personne. Aucune n'avantageait réellement leur propriétaire. Une dernière, cependant, montrait El Zagori dans la tenue des hommes bleus, chevauchant un dromadaire, sa gandourah indigo flottant au vent dans une mise en scène grandiloquente.

41. Le Zagorais (originaire de Zagora).

Bien que seul devant son ordi, Bertram s'esclaffa. Décidément amusé, il décida de répondre illico.

Pris au jeu, sans être pourtant vraiment intéressé, il entama avec son lointain correspondant un échange épistolaire de plusieurs mois. Bertram vivait alors, enfin, une relation stable avec un jeune et brillant publicitaire au physique d'Apollon – et aux dents longues – qu'il n'avait pas l'intention de quitter ni même de tromper.

Dans cette correspondance virtuelle, El Zagori-Jamil devenait plus insistant, tandis que Bertram était de plus en plus évasif. Jamil enrageait. Il entreprit d'envoyer de nouveaux messages sous d'autres pseudonymes, avec d'autres photos volées sur le web, semblait-il, pour tester Bertram un peu comme un amoureux soupçonneux.

GARE DE LYON

Un jour finalement, Jamil annonça qu'il viendrait à Paris dès le lendemain, pour le week-end, et souhaitait rencontrer Bertram en chair et en os.

Justement la veille, à la suite d'une violente dispute, le jeune publicitaire au corps de rêve avait remballé ses valises Goyard et était retourné vivre chez sa maman. « Bien que théâtrale, cette rupture n'était pas forcément définitive, c'est en tout cas ce que je pensais », me confia Bertram.

C'est donc un peu à contrecœur, avec l'impression de s'être fait forcer la main – pour ne pas dire piéger – par son correspondant franc-comtois, qu'il attendait l'arrivée du train de Colmar en gare de Lyon.

– Je te vois, t'es bien comme sur la pic ! Là, sur ta gauche ! s'enthousiasmait une voix dans son portable.

Bertram chercha Jamil du regard. Il le vit : « Ça ne va pas être possible ! », se dit-il : survêt Adidas, sneakers idem et casquette à l'envers, sac de sport en bandoulière, démarche chaloupée des cités, Jamil arborait son plus large sourire.

– Le Coran ! Tout pareil comme j't'avais pensé ! s'exclama-t-il en tendant la main.

De son côté, Bertram avait revêtu un blouson de cuir, un jean slim noir et des boots, une tenue qu'il imaginait décontractée, adaptée à l'occasion et à son visiteur. Jamil, au contraire, y vit la grande classe et chercha du regard la Harley.

Bertram se dérida :

– *Yalla njibo dowra, ghazal !* (Allons faire un tour, mon gazou), dit-il, amusé, rassemblant ses souvenirs de vacances à Marrakech.

Jamil était ravi.

– Ma voiture est là ! Je t'emmène dans ma maison à la campagne, ce sera plus romantique, ajouta-t-il plus simplement.

Et surtout, pensait-il, moins risqué en cas de retour inopiné d'Apollon, lequel avait conservé sa clé de leur appartement.

Ils roulaient depuis deux heures et étaient presque à mi-chemin. Bertram s'arrêta sur une aire de repos pour un dîner rapide. Au moment de rejoindre la voiture, il embrassa le jeune Berbère, presque par surprise, puis lui passa le volant de la berline allemande :

– À toi de jouer !

Jamil était aux anges. « Le Coran ! Ça pète sa mère ! », se réjouit-il intérieurement.

Au milieu de la nuit, sur les indications de Bertram, la voiture quitta enfin la grand-route pour s'engager sur un petit chemin tortueux, entre deux hautes futées noires et inquiétantes. Nulle autre lumière que les phares de l'auto.

La longère de Bertram se situait, en effet, en rase campagne. Ils y parvinrent sous une pluie battante. Pour la première fois depuis leur rencontre, Jamil réalisa l'étrangeté de la situation et s'inquiéta. Il se trouvait au milieu de nulle part, avec un parfait inconnu au look de motard, par une nuit sans lune, sans avoir prévenu qui que ce soit.

Discrètement, il rédigea un message à l'intention de Samir son copain de Bâle : « *Suis peut-être sur un plan chelou. On vient d'arriver dans une maison tout en pierres, au milieu des bois, un peu comme celle de Blanche Neige ou plutôt du loup-garou.* »

Ils entrèrent, Bertram désamorça l'alarme et alluma quelques lampes. Jamil explorait. Parvenu dans le grand salon, il alluma plusieurs bougies trouvées sur place, afin d'éloigner les éventuels djinns. Sans en connaître la raison véritable, Bertram trouva l'idée charmante et plutôt inattendue, venant de ce garçon des cités au look de caillera. Il baissa l'intensité de la lumière.

À la lueur des chandelles donc, ils chargèrent l'immense cheminée. Une flambée magnifique éclairait maintenant leurs deux visages et projetait des ombres vacillantes sur les murs de granite. Bertram jeta dans la cheminée quelques pierres d'ambre gris. Jamil vit qu'il y en avait un petit stock conservé dans un coffret en marqueterie ancienne. Très sensible aux effluves si caractéristiques qui lui rappelaient les agréables souvenirs du bled, Jamil se lova dans le canapé. Bertram servit un calvados hors d'âge, de contrebande, et s'assit tout contre Jamil sur le vieux Chesterfield. Tendrement, il insinua ses doigts dans les épaisses boucles crépues et massa doucement le crâne du Berbère. L'attirant à lui, il l'embrassa, longuement, passionnément. D'abord rasséréné, puis franchement électrisé, Jamil se serrait contre Bertram, chacune des courbes de son corps s'efforçant d'épouser celles du Parisien. Ils s'étaient maintenant dévêtus devant la cheminée, chacun étreignant l'autre. Des reflets orangés soulignaient leurs musculatures, athlétique pour Bertram, fine et nerveuse pour Jamil.

Celui-ci reconnut l'ambre et le musc qui entraient, en arrière-plan, dans la composition de l'eau de parfum de Bertram et fut brusquement transporté dans la vallée de Zagora. Il ferma les yeux pour mieux s'en imprégner. C'était cependant un parfum plus complexe, plus sophistiqué, avec des notes florales et boisées en premier plan, finalement une fragrance très différente du parfum de son amant de Zagora.

–Viens voir notre chambre. C'est à l'étage, souffla le maître de céans.

Au cours de la nuit, Bertram voulut se lever pour un verre d'eau. Le Berbère le cramponnait solidement, ses bras enlaçant le torse de son amant. Il tenta de se dégager, les bras résistèrent, le serrèrent plus fortement. Attendri, il renonça à réveiller le garçon.

Lorsque Jamil ouvrit les yeux, il faisait grand jour. Devant l'immense miroir de la chambre, Bertram levait de la fonte avec une régularité de métronome, comme chaque matin. La porte-fenêtre de l'étage était ouverte sur le jardin et l'on apercevait les reflets bleutés de la piscine à travers le feuillage du grand saule. Des rayonnages de livres en désordre couvraient les murs, encadrant un écran de télé. Au sol, des tapis orientaux.

Jamil, s'étira, satisfait. Il avait bien dormi.

– Enfin réveillé !, s'amusa Bertram. Le petit déjeuner est sur le plateau, dit-il en lui désignant le jus d'orange fraîchement pressé, la cafetière fumante et quelques viennoiseries.

Jamil se crut au paradis.

Un peu plus tard :

– Connais-tu ce passage des *Mille et une nuits* qui relate l'amour entre un homme et son jeune amant ? demanda Bertram en feuilletant un gros ouvrage.

Il lut :

– « Ô cette nuit passée avec toi, mon aimé, comme elle était obscure ! Mais nos cœurs amoureux répandaient la lumière. Comme un gardien jaloux, la lune à l'horizon surveillait nos ébats, et les étoiles d'or veillaient en sentinelle. »

Admiratif, Jamil écoutait. Il se remémora furtivement une autre nuit tout aussi étrange, dix ans plus tôt là-bas au bled, lorsqu'on lui avait récité quelques vers d'un autre poète arabe. Depuis lors, personne ne lui avait jamais plus parlé de poésie.

Pour Jamil, le week-end fut un enchantement. Viril à souhait mais pas macho, Bertram était charmant, prévenant avec son jeune amant, attentif à lui montrer tout ce qui pouvait l'intéresser. Souvent intimidé, soucieux de ne pas décevoir, Jamil acceptait tout ce qu'il lui proposait. C'est ainsi qu'au Derwin, sa crêperie favorite sur un promontoire de la presqu'île, face aux récifs, Bertram initia le jeune Berbère – tout d'abord très réticent – aux délices des fruits de mer.

Il fallut bien rentrer à Paris. Jamil conduisit tout au long du trajet, jusqu'à la gare de Lyon où l'attendait son TGV pour Colmar et la « Peuge ». Quelques minutes après le départ du train, Bertram recevait un premier sms: « *Je t'm, bouffon !* », puis un autre : « *Je t'manque ?* »

De retour de la gare, Bertram ouvrit la porte de son appartement et buta sur les valises Goyard : Apollon était de retour.

Jamil envoyait force messages et appelait tous les jours : « *Suis sur mon Fenwick et je pense à toi,* lui disait-il. *Quand se revoit-on ?* » Au cours de la même période Bertram se retrouva harcelé de messages et de photos d'éphèbes sur le site de drague. Sous des pseudonymes les plus variés, Jamil testait la fidélité de son amant. Agacé, Bertram feignait de ne pas l'avoir reconnu et entamait des flirts crus avec ces correspondants fantômes. Jamil en était ulcéré mais, pris à son propre piège, ne pouvait le manifester.

Un autre week-end fut bientôt planifié : Apollon était en séminaire dans le Sud de la France avec les cadres de son agence, il n'y avait pas de risque de retour intempestif. Bertram prit donc le risque de recevoir Jamil chez lui, à Paris. Il lui avait acheté un jean moulant, qui mettrait bien en valeur sa jolie cambrure, un sweat à capuche en cachemire bleu marine, compromis entre l'uniforme de la cité et le bon chic parisien, ainsi que des sneakers noirs sans marque apparente et enfin quelques tee-shirts bien coupés.

Un relooking à peu de frais, merci Zara !, afin de ne pas effaroucher le Berbère, mais indispensable pour un séjour à Paris, estima Bertram.

Jamil fut tout d'abord furieux du cadeau : « Le prenait-on pour un gigolo ? » Puis ravi, tandis que s'opérait la transformation devant la grande glace de la chambre. Il s'examinait maintenant sous toutes les coutures, avec une satisfaction évidente. Bertram avait décidément bon goût ! De son côté, Bertram était heureux de lui faire plaisir. Il assistait à la métamorphose avec stupéfaction. Le résultat dépassait toutes ses espérances. Après le survêt blanc aux trois bandes, il ne lui restait plus qu'à convaincre Jamil de renoncer également à sa casquette « de collection ! » un peu trop caricaturale.

Puis Jamil inspecta l'appartement. Bertram le suivait du coin de l'œil. Ne se sachant pas observé, Jamil examinait les nombreuses photos, retournant les cadres de toutes celles qui montraient des garçons. Il alluma un peu partout les bougies qu'il avait rapportées de Colmar. Bertram comprit plus tard qu'il s'agissait de se protéger du « mauvais œil » et surtout des « mauvaises ondes » éventuellement émises par ses amants passés.

Au cours de son inspection, Jamil tomba évidemment sur le vestiaire d'Apollon et fit la moue.

– Mon filleul habite avec moi lorsqu'il est à Paris, s'entendit expliquer Bertram qui se détesta aussitôt pour ce manque de courage.

D'autant qu'il n'avait rien promis à Jamil, lequel était brusquement entré dans sa vie sans se préoccuper de savoir si elle était déjà remplie.

Pour Jamil, ce fut un second week-end de rêve. Très attentionné, Bertram s'efforça de lui faire découvrir Paris sous un autre jour, s'ingéniant à dénicher ce qui pouvait intéresser ou surprendre le jeune homme sans l'intimider. Il l'emmena dans les coulisses d'un enregistrement télé et lui présenta l'animateur et son compagnon avec qui ils dînèrent au Hangar, l'un des restaurants secrets de Bertram derrière le Centre Pompidou.

Jamil s'y initia à la crème de lentilles au foie gras ainsi qu'au bœuf Strogonoff. Il compléta par le fameux mi-cuit des dames du Hangar. Ils terminèrent la soirée chez un ami de Bertram, comédien bien connu qui fêtait ses cinquante ans parmi ses amis gays.

Leur couple disparate suscitait une curiosité indulgente, Jamil n'ayant pas du tout le profil habituel des conquêtes de Bertram. Sa gouaille et son vocabulaire fleuri, cependant, faisaient merveille.

De son côté, Jamil était à la fois ébloui par l'entregent de son amant et éperdu de bonheur. De retour chez eux, il lui fit cependant une scène – la première –, en raison d'un aparté trop prolongé avec un bel éphèbe blond dont Jamil soupçonnait qu'il était l'un des ex de Bertram.

De nouveau, ce fut le retour vers Colmar et les retrouvailles avec le Fenwick.

D'autres week-ends suivirent, au fur et à mesure des déplacements professionnels ou familiaux d'Apollon, dont la fréquence croissante avait fini par intriguer Bertram.

Pour son anniversaire, Apollon étant occupé ailleurs, Bertram fit venir Jamil à Ibiza pour un week-end prolongé. Le Berbère « avait posé ses RTT » pour l'occasion. Jamil découvrit avec ravissement la petite maison de Bertram perchée sur la presqu'île de Sa Penya, le quartier gitan, face à Formentera et à la citadelle. Depuis le toit-terrasse aménagé en salon d'été, on avait, de fait, une vue à 360° avec, derrière la maison, le vieux port abritant les yachts des milliardaires. Justement ce jour-là, le prince héritier d'Arabie saoudite faisait escale. Son énorme yacht dépassait le toit des maisons, une vision parfaitement surréaliste.

Chargés de bouteilles, les premiers invités, bientôt rejoints par les occupants des maisons voisines, arrivèrent avant l'*anochecer* pour admirer le coucher de soleil et surtout pour faire la fête au son d'une musique trépidante que l'on entendait jusqu'à Dalt Vila.

Anna-Maria, la reine italienne des nuits d'Ibiza, fut là parmi les premières. Déjà prête pour la suite de la soirée qu'elle allait animer au Mona Lisa puis au Pacha, elle portait une somptueuse robe de soirée agrémentée d'un boa interminable, ses magnifiques cheveux blonds ramassés en chignon sous un coquin chapeau à voilette des Années folles.

Avec elle, une centaine de *beautiful people*, les plus beaux garçons de l'île et aussi les plus jolies filles, déjà alcoolisés et pour un grand nombre cocaïnés, vinrent tour à tour célébrer l'anniversaire de leur ami Bertram. D'autres produits circulaient, apportés par les invités, que Jamil ne parvint pas à identifier. Il fut rassuré de voir que Bertram, bien que très indulgent pour les pratiques de ses amis, ne s'y adonnait pas lui-même. Par contre, il lui semblait que son amant avait absorbé un nombre impressionnant de mojitos qu'il confectionnait lui-même, avec du rhum exclusivement cubain, sans conséquence apparente autre qu'une gaieté très communicative mais plutôt inhabituelle.

Jamil s'alarmait du nombre d'éphèbes venus faire la bise au maître des lieux dont certains lui parurent excessivement intimes, notamment les plus éméchés. Il se promit de mettre bon ordre à cette situation dès que lui-même aurait mieux assuré ses positions.

La fête se poursuivit tard. Puis les invités rejoignirent les différents établissements de nuit. Pour sa part, Bertram opta pour le Pacha où Federico leur avait retenu une bonne table au VIP. En attendant de l'occuper, ils rejoignirent Anna-Maria à l'étage. Dans une coupe à champagne géante, plantée sur un podium au milieu de la salle, se contorsionnait gracieusement une superbe naïade dotée d'une queue de sirène. De temps à autre, un abruti versait dans la coupe une bouteille de champagne afin de compléter le niveau. Jamil écarquillait les yeux.

Fouet en main, loup sur le visage, Anna-Maria régnait dans la salle en maîtresse de maison. À leur arrivée, elle poussa un petit cri, disparut et revint aussitôt, accompagnée d'un serveur portant un seau de champagne qu'elle fit disposer pour eux sur une table de la terrasse suspendue

– *¡Feliz cumple*[42]*!* dit-elle.

42. Joyeux anniversaire !

La bouteille terminée, ils descendirent prendre possession de leur table réservée sur la mezzanine, laquelle surplombait la salle principale. La musique était réellement assourdissante. Aux manettes, David Guetta était hilare. Sur les podiums se succédaient les gogos boys and girls aux performances de plus en plus suggestives.

À l'écart de la piste de danse, Bertram suivait du regard Jamil qui dansait au milieu d'un groupe particulièrement excité. L'un des hommes du groupe paraissait avoir jeté son dévolu sur le Berbère et s'efforçait de l'isoler. Jamil l'avait forcément remarqué et en paraissait flatté. Bientôt les deux dansaient en face à face en se souriant mutuellement. Bertram en fut profondément agacé, plus qu'il ne l'aurait imaginé. Il intervint pour ramener Jamil à leur table sans pouvoir dissimuler son courroux. Le Berbère était mortifié.

Le reste du week-end en fut assombri. Le lendemain à l'Amnesia, Jamil fut abasourdi par l'ambiance encore plus ahurissante que ce qu'on lui avait raconté. Au cours de la nuit, accrochée à l'immense rideau de la scène comme Tarzan à sa liane, une drag-queen s'élança dans le vide pour rejoindre le chapiteau d'une colonne auquel elle s'agrippa. De là-haut, elle entonna d'une voix rauque et puissante un chant au rythme incantatoire amplifié par l'excellente sono. En dessous, la foule, saisie par l'émotion, s'immobilisa en silence, ce qui était plus qu'inhabituel, jusqu'à la fin du chant. Dix ans plus tard, chacun se souvenait encore de cette soirée incroyable au cours de laquelle était né un tube planétaire qui fut décliné d'année en année dans toutes les boîtes d'Ibiza et relayé par toutes les radios de la planète. Nul, cependant, ne connaît le nom de la drag-queen dont la gloire personnelle ne dépassa jamais les frontières de l'île.

Échaudé par la réaction de son amant la veille au Pacha, Jamil refusa obstinément de rejoindre la piste malgré les encouragements de Bertram et les sollicitations des garçons qu'il avait rencontrés au cours de la fête d'anniversaire.

La journée suivante fut consacrée à la visite de l'île. Ils déjeunèrent, à la Escollera, où avaient séjourné les Rolling Stones tout un été durant leurs jeunes années, sur la jolie plage d'Escavallet.

Puis, assez inquiet de laisser son amant seul sur place, Jamil dut reprendre l'avion qui le ramènerait à l'usine.

MONSIEUR ET MADAME BERTHIN

Rentrant le ventre, Tawfik se recula dans l'encoignure du pignon du pavillon pour ne pas être repéré. Ne se doutant de rien, le « bâtard » s'approchait de la maison. Du plus loin qu'il pouvait se souvenir, Tawfik s'était toujours méfié de lui et n'avait jamais manqué de le lui faire sentir. Depuis quelques années, il avait appris par une indiscrétion de son oncle le secret jusqu'ici bien gardé de la naissance de ce soi-disant frère. Leur père avait engrossé une fille perdue du bled et avait ensuite abandonné cette pute qui l'avait bien mérité.

« Sans la sollicitude de la Mouille (que Dieu la garde !) qui avait recueilli ce fils de pute comme si c'était le sien, celui-ci serait demeuré dans son gourbi où personne ne serait allé le chercher », rageait-il.

Le résultat est que le bâtard lui avait volé une grande partie de l'attention affectueuse et imméritée de leurs parents, surtout de Khadija, la Mouille. De surcroît, par sa complicité active, il avait contribué à la corruption de leurs sœurs dont aucune n'avait adopté un mode de vie convenable, en dépit de ses efforts à lui pour les redresser et des corrections qu'il leur avait administrées.

Ses premiers soupçons dataient de près d'un an, lorsqu'en Suisse il avait aperçu le « bâtard » en compagnie de Samir, le pédé de la cité d'à côté qui avait dû se réfugier là-bas pour fuir les quolibets de la communauté. Les explications qu'il avait exigées de Jamil le soir même ne l'avaient pas convaincu. Il avait dû corriger ce fils de pute, au minimum pour le punir de ses fréquentations plus que douteuses.

Désormais, il en avait confirmation. Le matin même, malgré le mot de passe du bâtard sur l'ordinateur familial, il était parvenu à ouvrir sa session et était tombé sur une photo sans équivoque. Tout d'abord, son sang se glaça d'horreur, puis il entra en fureur. Quoi d'autre aurait-on pu attendre d'Ould Haram, ce fils de Satan ? Il fallait en finir.

Dissimulé dans l'ombre de la maison, trempé de sueur, Tawfik entendait maintenant avec excitation les pas de sa proie qui était presque à sa portée. Il savourait sa vengeance proche.

Quelques secondes plus tard, laissant libre cours à sa haine, il put lui asséner un violent coup de poing qui manqua malheureusement la tête, mais fit chanceler Jamil. À moitié groggy, le bâtard prit ses jambes à son cou, fuyant sa juste colère.

Étonnamment agile pour son poids, Tawfik se lança à sa poursuite.

– Je vais te tuer, fils de pute ! Sale fiotte ! Le Coran de La Mecque ! hurlait-il.

Presque arrivé au sommet de la côte, Jamil trébucha et s'étala de tout son long, la jambe écorchée. Aussitôt, le colosse se jeta sur lui et le releva, l'immobilisant d'une clé puissante au cou tout en lui arrachant son téléphone qu'il piétina.

À moitié étranglé, Jamil fut traîné jusqu'à la voiture de Tawfik qui en ouvrit le coffre d'une main.

– Rentre là-dedans, bâtard, tu ne mérites pas de vivre, je vais t'envoyer en enfer ! rugit le grand frère.

Avec l'énergie du désespoir, Jamil parvint à se dégager et reprit sa fuite en traînant la patte. Son frère le poursuivait maintenant au volant de la voiture, fonçant sur le fugitif.

Sur le point d'être à nouveau rejoint et craignant pour sa vie, Jamil escalada le portillon d'un jardin, avisa une fenêtre entrouverte et sauta à l'intérieur d'un pavillon inconnu. Surpris, Tawfik s'était immobilisé à l'extérieur.

– Il y a quelqu'un dans la maison, en bas !

Madame Berthin secouait avec vigueur son mari endormi à ses côtés. Il se leva d'un bond, enfila prestement sa robe de chambre en tissu éponge, sortit son fusil de chasse du placard et descendit précautionneusement l'escalier.

L'intrus, un Arabe évidemment, était au milieu du salon, pas vraiment impressionnant, et même plutôt tremblant. Il arma son fusil, pointa et s'avança jusqu'à toucher de son arme le front du cambrioleur.

– S'il vous plaît, appelez la police, suppliait celui-ci d'une voix blanche.

Ce que fit Monsieur Berthin, après quelque hésitation.

À la gendarmerie, Jamil s'expliqua, Monsieur Berthin accepta de ne pas porter plainte, ce à quoi Jamil, au contraire, se résigna, formalisant par là même sa rupture définitive avec sa famille. Car il était acquis que ses parents ne lui pardonneraient pas d'avoir dénoncé leur fils préféré. Ses sœurs seraient sans doute plus compréhensives. Ce qui se vérifia.

Naturellement, Jamil omit de rapporter aux policiers la cause inavouable de la fureur homicide de son aîné. « Là-dessus, pas question que j'écarte ma bouche ! Le Coran ! Faut comprendre notre culture », expliqua Jamil lorsqu'il nous raconta l'épisode.

Convoqué quelques semaines plus tard, le colosse écopa… d'un rappel à la loi.

En sortant de la gendarmerie, Jamil se rendit directement en stop à la gare de Belfort. Sans bagage, sans argent, sans billet, il prit le premier train pour Paris, le tortillard de 4h15 qui arrive à la gare de l'Est à 8h15. C'était un voyage sans retour.

Repoussant la couette, Bertram tendit la main vers son téléphone qui vibrait avec insistance sur la table de chevet :

– Je vous passe un jeune homme qui a perdu son téléphone et qui veut vous parler, dit une voix inconnue.

S'appuyant sur un coude, Apollon se redressa :

– C'est qui ? demanda-t-il.

BERKELEY, CALIFORNIE

Jennifer, une jolie Californienne de trente-cinq ans, leva les bras au-dessus de sa tête pour mieux s'admirer de profil devant la grande glace. Plus de doute, on voyait bien qu'elle était enceinte, pensait-elle avec satisfaction. Cela faisait maintenant trois mois, des jumeaux, un garçon et une fille, avait montré la dernière échographie.

– Tu es plus rayonnante que jamais, bravo pour ce que tu fais, je t'aime ! lui murmura Jeff dans l'oreille.

– Mom ! On va bientôt les voir, les bébés qui sont dans ton ventre ? s'impatientait Shirley, leur petite fille de cinq ans.

Jennifer avait déjà trois enfants, deux d'un précédent mariage et la petite dernière avec Jeff.

Jeff prit une photo, puis une autre encore, de face cette fois.

– Je vais les envoyer tout de suite, dit Jennifer en se réjouissant par avance de l'effet qui serait produit.

Elle mit le docteur Aimee en copie de son courriel. Celle-ci surveillait au quotidien sa grossesse, car rien n'était encore gagné.

Deux ans plus tôt, Jennifer avait déjà accouché de jumeaux qui s'étaient envolés presque aussitôt pour les Pays-Bas où leurs deux pères les avaient emmenés. Elle recevait régulièrement de leurs nouvelles ainsi qu'une multitude de photos dont certaines avaient été encadrées à son intention et trônaient désormais dans son salon. Jennifer dirigeait la bibliothèque de l'université où son militantisme suscitait intérêt et généralement approbation, de la part de ses collègues comme de ses étudiants.

Le docteur Aimee la connaissait bien et appréciait son enthousiasme et son sérieux. Responsable du Département de fécondation in vitro de l'hôpital d'Oakland, elle avait suivi le parcours de Jennifer depuis l'origine. Elle l'avait donc chaudement recommandée aux deux Français, après l'échec de leur première tentative avec Yesenia.

Cette dernière s'était inscrite dans l'agence de mères de substitution où elle avait passé avec succès tous les tests psychologiques. Et aussi les tests physiologiques, lesquels avaient été réalisés par elle-même, Aimee. La première insémination s'était traduite par un rejet de l'embryon après quelques semaines, suscitant une énorme déception chez les Français et beaucoup de compassion de la part d'Aimee.

Récemment divorcée, avec un fils de six ans, Yesenia avait décidé qu'elle ne voulait plus d'enfant pour elle-même, mais avait souhaité devenir mère de substitution pour aider d'autres couples. Les deux Français avaient été agréablement surpris par cette très jolie jeune femme, intelligente, que leur présentait l'agence. Mais ils lui avaient exprimé leur inquiétude que sa motivation ne soit dictée que par la déception liée à son récent divorce. Le fait qu'elle soit seule pour assumer un choix aussi lourd de conséquences les préoccupait. Ils pensaient également, et le lui dirent, qu'elle connaîtrait forcément une seconde vie sentimentale pour laquelle son projet de « grossesse pour autrui » pouvait constituer un réel handicap.

Elle les avait rassurés et leur avait présenté sa mère qui confirma la profonde motivation de sa fille. Ils acceptèrent donc sa candidature et mandatèrent Shelley, l'avocate qui leur avait été recommandée, pour rédiger leur part du contrat. Spécialisée dans la gestation pour autrui depuis plus de vingt ans, celle-ci s'était fortement impliquée dans leur aventure. Pourtant, un mois après sa fausse couche, Yesenia informa le docteur Aimee qu'elle renonçait à devenir mère de substitution, sans explication. Sans doute avait-elle rencontré un nouveau fiancé, ainsi que l'avaient pressenti les Français ?

Aucun risque de ce type avec Jennifer dont l'époux soutenait à fond ses choix. À la demande de l'agence, il avait lui aussi passé, avec brio, une impressionnante batterie de tests psychologiques propres à rassurer toutes les parties prenantes.

Les Français avaient tout de suite été séduits par Jennifer lors de leur premier échange en vidéo. Restée mince et sportive en dépit de ses multiples grossesses, elle respirait la joie de vivre et manifestait une énergie débordante. Elle avait déjà, donc, l'expérience de la maternité de substitution et formait avec Jeff un couple heureux et parfaitement équilibré.

J'ai rencontré Jennifer quelques années plus tard, à Paris lorsque Bertram et Jamil l'avaient invitée à rendre visite aux enfants. J'étais évidemment très intrigué par son histoire et, je dois le dire, un tantinet soupçonneux s'agissant de ses motivations profondes.

On lui avait posé la question mille fois, aussi ne s'en offusqua-t-elle pas.

– Oui, ils m'ont indemnisée, environ trente mille dollars, prévus par contrat. C'est à peu près le montant des salaires que j'aurais perçus si je n'avais pas dû m'aliter pour mener à terme ma grossesse. Ce n'est donc vraiment pas un business ! m'expliqua-t-elle en riant.

Cette compensation me parut d'autant plus justifiée qu'elle ne prenait pas en compte le risque personnel lié à toute grossesse. Dans le cas des jumeaux de Bertram et Jamil (c'est bien d'eux dont il s'agit), elle avait dû subir une césarienne pour extraire prématurément les bébés, après sept mois de grossesse seulement. Quelques semaines après l'accouchement, elle avait également dû subir l'ablation de l'utérus.

Trente mille dollars, ce n'était donc pas cher payé. On était très loin des accusations souvent entendues de ce côté-ci de l'Atlantique de « marchandisation du corps humain » ou encore de femmes en grande pauvreté achetées ou même forcées comme des esclaves. Jennifer se voulait libre de disposer de son corps pour aider d'autres familles, en plein accord et avec le soutien de son conjoint.

Avant même d'entreprendre le voyage pour la Californie, Jamil et Bertram durent eux aussi se soumettre, séparément puis ensemble, à une évaluation psychologique par webcam, imposée par l'agence des mères de substitution et destinée à vérifier leur motivation ainsi que leurs aptitudes à devenir des parents responsables.

Arrivés à San Francisco, ils durent renouveler ce test de manière beaucoup plus approfondie au cours d'entretiens.

– Chez nous, en Californie, plus de vingt ans après les premières grossesses pour autrui, rien n'est laissé au hasard, me confia Jennifer.

Les mères de substitution sont, en effet, recrutées par des agences spécialisées selon des critères précis, d'âge, d'état de santé et de condition psychologique. Elles doivent au préalable avoir enfanté pour leur propre compte. Des hôpitaux et cliniques, des psys, des juristes se sont spécialisés dans ce domaine que des lois très strictes encadrent et pour lequel il existe désormais une abondante jurisprudence, avec un recul significatif. Les futurs parents et les futures mères de substitution doivent obligatoirement suivre chacune des étapes imposées.

– C'est pourquoi tout se passe toujours très bien, poursuivit Jennifer.

Selon mes recherches, plusieurs dizaines de milliers d'enfants ont en effet été portés par des mères de substitution depuis trente ans et plusieurs milliers sont déjà adultes après avoir été élevés pas des couples de même sexe.

– Il faut savoir qu'il existe à leur propos plusieurs études de longue durée montrant que ces enfants sont parfaitement équilibrés et réussissent leur vie plutôt mieux que l'échantillon témoin, compléta Bertram.

– Pourtant, lui dis-je, d'autres études montrent que les enfants adoptés ou orphelins d'un parent ou des deux peuvent développer des comportements pathologiques, voire déviants.

– C'est effectivement l'un des arguments que développent les bonnes âmes de la Manif pour tous, m'interrompit Bertram. La comparaison n'est cependant pas honnête. Les enfants dont vous me parlez ont subi un grave traumatisme. Ils ont souffert d'une rupture affective, d'un abandon. Ou bien d'un deuil. Au contraire, ceux issus de GPA sont les enfants de l'amour. Ils ont été fortement désirés, leurs parents ont bravé tous les interdits pour leur permettre de venir au monde. En outre, ils ont tous profondément réfléchi aux conséquences de leur choix, lu les ouvrages spécialisés, pris le conseil de psys, de juristes, obtenu le soutien de leurs familles. Je ne connais aucun échec, n'en déplaise à Ludivine ! Je lui conseillerais plutôt de s'inquiéter du sort des enfants non désirés dans les couples hétérosexuels ou encore martyrisés par des parents pourtant conformes à la « norme ». Aucun cas de ce genre n'a encore été répertorié dans les familles dont les parents sont de même sexe. De plus, il y a maintenant un recul de plus de vingt ans !

Je dois admettre que ses arguments sont assez convaincants.

VIE DE COUPLE

Six ans après le début de leur vie commune, Jamil et Bertram étaient toujours aussi amoureux. Le Berbère, cependant, n'avait toujours pas entièrement assumé sa sexualité et, prisonnier de sa culture, continuait de cacher sa vie aux membres de sa communauté d'origine, si l'on excepte les quelques Maghrébins gays, souvent en couple avec des Européens, qu'ils fréquentaient.

C'est ainsi qu'aux cours de leurs promenades, Jamil s'écartait brusquement de Bertram en passant devant une épicerie arabe. Lorsqu'à force de répétitions Bertram prit enfin conscience de ce surprenant manège, il en fut stupéfait, mais ne put rien y changer. Très proche de ses sœurs, Jamil avait fini par se décider, après beaucoup d'hésitations, à les inviter à lui rendre visite dans leur appartement cossu mais branché du Marais. Assurément, la cohabitation avec Bertram, qui faisait toujours de brèves apparitions au cours de ces retrouvailles familiales, ne devait pas manquer de les surprendre. Les quatre sœurs avaient réussi leur intégration dans la société française, avec une vie professionnelle qui les satisfaisait, loin des poulets, du téléphone arabe, du bled et, surtout, de leur frère Tawfik. Elles ne se rendaient à Colmar que pour les incontournables fêtes familiales, notamment les mariages. En dépit de leur apparente ouverture d'esprit et contre toute évidence, chacune d'entre elles, à l'occasion de ces visites chez Jamil et Bertram, continuait de s'enquérir des petites amies supposées du petit frère, voire de ses projets matrimoniaux, ce qui accentuait encore le malaise de Jamil.

– En fait, elles te tendent la perche, à toi de la saisir ! suggéra Bertram. Elles sont ta plus proche famille et, visiblement, t'adorent. Tu dois être toi-même et non prétendre être quelqu'un d'autre, elles seront à coup sûr soulagées de ne plus avoir à faire semblant.

– Elles ne savent rien ! s'obstinait Jamil, tu ne comprends pas notre culture !

Prévenues à la dernière minute de la naissance imminente des jumeaux par un coup de fil angoissé depuis la salle des prématurés de la maternité en Californie, les deux sœurs parisiennes se précipitèrent chacune à leur tour pour voir les bébés – leurs neveux – dès l'arrivée en France des jumeaux. Elles s'extasièrent longuement sur leurs magnifiques yeux bleus.

– Ceux de leur mère ! expliqua Jamil.

Aucune d'entre elles, cependant, n'osa s'étonner de l'étrangeté de la situation ni de l'absence de cette mère inconnue – américaine – dont il n'avait auparavant jamais parlé. En revanche, elles ne s'enquirent plus jamais des projets matrimoniaux de Jamil. À l'instar des autres familles arabes concernées, Jamil et ses sœurs s'étaient installés dans l'inconfort du non-dit.

TONTON JAMIL

Ainsi que pour tous les couples, la vie de Bertram et Jamil connaissait des hauts et des bas. « Il est terriblement jaloux ! », me confia chacun d'eux. Pour Jamil, cela se traduisit, notamment, par le nettoyage méticuleux de l'ordinateur de Bertram dont il était parvenu à découvrir le mot de passe. Toutes les photos suspectes furent effacées, les mails épluchés, les contacts douteux supprimés. Dans l'appartement, les nombreuses photos, dont celles de l'ami décédé de Bertram, furent petit à petit détruites ou rangées en vrac dans les tiroirs les moins accessibles. De son côté, Jamil me raconta les soupçons – « injustifiés, le Coran ! » – de Bertram lorsqu'il s'absentait pour passer la nuit chez l'une ou l'autre sœur, en grande banlieue, de chez qui il ne manquait pourtant jamais d'appeler son amant.

Au fil du temps, Jamil avait profondément évolué, mûri, dans ses goûts comme dans son look, même dans sa démarche !, sous l'influence de Bertram. De son côté, celui-ci avait renoncé à la plupart des mondanités auxquelles il participait, à titre personnel ou professionnel, lesquelles ennuyaient profondément Jamil.

Le Berbère adorait sa nièce, la fille du haut fonctionnaire, qu'il avait langée, bichonnée, chouchoutée depuis sa naissance. La petite fille lui rendait bien cette affection et suppliait Tonton Jamil de venir passer le week-end avec elle, ce qu'il s'empressait de faire le plus souvent possible, suscitant la méfiance de Bertram ainsi que nous l'avons vu. À l'époque, les quatre sœurs ignoraient l'existence de Bertram. Plus tard, lorsque Jamil se résolut à organiser ces réunions dans leur appartement du Marais, Bertram put enfin les rencontrer.

Après quelques années de vie commune, Jamil confia à Bertram son grand regret de ne pas avoir d'enfants. Il fut surpris de l'écho rencontré chez Bertram. Lui-même avait déjà un fils adulte, mais regrettait de ne pas avoir eu un second enfant, de préférence une fille.

Un couple gay de leurs amis avait fait à deux reprises le voyage de la Californie, ce qui leur avait permis d'être chacun, à une année d'intervalle, père d'un adorable bambin. Les deux enfants étant issus de la même mère génétique et, ayant été portés par la même mère de substitution, étaient, de fait, demi-frères. Les deux grands-mères étaient folles de joie et la famille parfaitement harmonieuse.

Bertram et Jamil envisageaient le même schéma. Ils entreprirent donc à leur tour quelques recherches, consultèrent une avocate spécialisée, un psy de renom, des médecins. À l'institut Fournier, Bertram confia au professeur de génétique qui le recevait ses craintes relatives à son âge et, conséquemment, à la qualité de son sperme : n'y avait-il pas un risque pour les enfants ?

– N'hésitez plus ! lui répondit celui-ci : Charlie Chaplin a eu de beaux enfants à quatre-vingt-dix ans et les cas sont nombreux.

Une autre de leur crainte concernait la situation juridique en France du futur bébé.

– La grossesse pour autrui est interdite ici, mais pas dans un certain nombre d'autres pays ou États, la Californie, par exemple, où elle est non seulement légale mais encadrée et codifiée, expliqua leur avocate.

– Quel est le bon cheminement ? interrogèrent-ils.

– Si vous souhaitiez effectuer une démarche militante et faire avancer la jurisprudence, dit-elle, il vous suffirait de déclarer les deux pères sur l'acte de naissance américain, ce qui est légal là-bas, puis de vous battre en France, jusqu'à la Cour européenne des droits de l'Homme pour faire reconnaître la naissance du bébé, sa double filiation et, enfin, lui faire attribuer la nationalité française. Je vous assisterai, avec de bonnes chances de réussite, il vous faudra des années de patience.

– Notre préoccupation est plutôt l'intérêt de l'enfant, précisa Bertram.

– Dans ce cas, compléta à regret l'avocate, il faut savoir que l'adoption en France est ouverte au second parent d'un couple d'hommes, à condition que les deux soient mariés et à condition également – c'est impératif ! – qu'aucune « mère » n'apparaisse sur le certificat de naissance.

– C'est possible ? demanda Bertram.

– En Californie, sans problème ! précisa l'avocate. Il vous faudra déclarer la naissance aux autorités locales, un seul parent figurant sur l'acte de naissance. Vous ferez plus tard une déclaration au consulat de France par courrier après votre retour en France, évidemment sans mentionner le mode de conception.

– Mais comment faire voyager les bébés sans passeport jusqu'en France ? s'inquiéta Jamil.

– Très simplement, dit l'avocate, avec le passeport américain qui leur sera délivré sans problème sur place. Dans un second temps, dès que vous aurez obtenu la transcription de la naissance sur les registres français, vous pourrez réclamer la nationalité française pour l'enfant. Une fois celle-ci obtenue, l'autre parent fera une demande d'adoption.

– C'est très hypocrite ! s'indigna Jamil.

– C'est surtout imparable, dit l'avocate. La France ayant été condamnée à plusieurs reprises par la Cour européenne, le magistrat n'aura pas d'autre choix. En revanche, conclut-elle en souriant, mon rôle est seulement de vous indiquer l'état de la jurisprudence. Ne considérez en aucun cas qu'il s'agit d'une incitation, ce qui serait illégal !

Bertram et Jamil lui rendirent son sourire.

En France, avant le départ, Bertram et Jamil s'étaient chacun soumis aux vérifications et analyses médicales nécessaires, y compris les spermogrammes, dont les résultats furent communiqués au docteur Aimee.

Puis ils s'envolèrent pour San Francisco.

Sur place, Aimee les attendait pour procéder à quelques examens complémentaires et congeler leurs spermatozoïdes, lesquels seraient conservés dans un institut spécialisé.

L'étape suivante était la rencontre avec Shelley, l'avocate qui leur avait été recommandée. Il s'agissait d'établir des contrats avec toutes les parties : le médecin, la donneuse d'ovules et son agence spécialisée ainsi qu'avec la *surrogate mother,* la mère de substitution.

Dans ce type de contrat, rien n'est laissé au hasard : alimentation de la mère de substitution, interdiction des déplacements, éventualité de grossesse gémellaire, complications médicales éventuelles pour la mère pendant et après la grossesse, etc. La possibilité d'un avortement thérapeutique sur demande exclusive de la mère de substitution, en cas d'absolue nécessité, était aussi prévue. Au contraire, le contrat de Bertram et Jamil interdisait aux deux pères de demander une cessation de grossesse pour quelque motif que ce soit, afin de respecter les convictions religieuses de la mère de substitution. Et enfin, il fallait par avance décider du sort des œufs fertilisés non utilisés : ils choisirent la donation à des couples infertiles. Leur projet était de concevoir deux enfants à une année d'intervalle, avec la même mère génétique et, si possible, la même mère de substitution.

Avant chaque insémination, celle-ci devrait suivre un traitement de plusieurs semaines. Ils retournèrent donc en France et attendirent avec impatience des nouvelles du docteur Aimee depuis Oakland.

Quelques jours plus tard, elle les appela :

– Nous avons fécondé tous les ovules : dix embryons viables ont été conservés ! annonça-t-elle. Dès que Yesenia aura terminé son traitement préalable, je procéderai à l'insémination.

La même opération se répéta ensuite avec Jennifer. Après plusieurs essais infructueux:

– Je vous propose de tenter l'implantation simultanée de deux embryons au lieu d'un, pour doubler les chances de succès, suggéra Aimee. J'ai déjà consulté Jennifer qui est d'accord. Bien évidemment, vous devrez considérer qu'il est tout à fait possible que les deux implantations soient un succès, prévint-elle.

Ils acceptèrent. C'est ainsi que Jennifer fut enceinte de leurs jumeaux.

Aux environs du sixième mois de grossesse, Aimee les alerta:

– Les grossesses gémellaires, notamment dans ces conditions, donnent souvent lieu à des naissances prématurées, prévint-elle.

Ils devaient donc envisager un départ pour la Californie plus tôt que prévu, le contrat prévoyant que les bébés seraient remis aux heureux pères le jour même de l'accouchement. Ils organisèrent précipitamment leur séjour américain, louant le rez-de-chaussée d'une ravissante maison dans les collines de Berkeley avec, depuis la terrasse suspendue, vue sur la rade de San Francisco et son fameux pont. La maternité choisie par Jennifer était située à une bonne heure et demie de route de là. Ils avaient donc loué un gros 4x4 et acheté les deux sièges bébés qui leur permettraient, le moment venu, de transporter confortablement les enfants. Pour Jamil, c'était donc le deuxième séjour en Californie. Il détestait le pays autant que Bertram paraissait l'adorer.

– Pour les paysages grandioses, les objets surdimensionnés, les autoroutes gigantesques et interminables, le sentiment de liberté, le sourire des Californiens ! Songe qu'ici (du moins en Californie), personne ne juge notre couple ni ne met en cause notre démarche, tenta d'argumenter Bertram.

Le pire, pour Jamil, était la gastronomie qui lui paraissait se limiter aux hamburgers bien gras, aux pizzas dégoulinantes de ketchup et aux sushis. Il pensa trouver son salut au supermarché. Dès l'entrée chez Walmart, il fut découragé par la vitrine chargée d'énormes gâteaux, aussi gras et crémeux que multicolores : chaque couleur de l'arc-en-ciel était représentée, déclinée en un camaïeu de pastels. Au rayon fruits, ce n'était pas mieux : les pommes forcément vermillon, comme celle de Blanche Neige, à la luisance suspecte, étaient en fait recouvertes d'une fine pellicule de cire. Les fraises mexicaines géantes soigneusement désinfectées – il en acheta malgré tout – se révélèrent farineuses et insipides. Échaudé, il se dirigea d'un pas moins décidé vers le rayon volailles. Et là, ce fut un choc pour ce fils de rôtisseur : des poulets géants, obèses, à la couleur blanchâtre en raison du lavage au chlore, compactés sous forme de boule dans un emballage de plastique transparent. Non, ce n'était pas possible ! Il poussa son caddie en direction du rayon boucherie à la découpe, entre deux haies interminables d'armoires de congélation abritant des piles de seaux de crème glacée aux proportions déraisonnables, un gallon pour les plus petits.

Là, il se rabattit sur une tranche de bœuf qu'il rapporta presque honteusement à leur domicile. Mais, alarmé par l'étrange couleur, c'est Bertram qui refusa qu'il la cuisine.

Sur le plan de travail, elle conserva sans s'altérer sa jolie teinte rose fluo toute la semaine avant que Jamil ne se résigne à la jeter dans le conteneur à ordures.

– Pour notre première rencontre près de la maternité de Modesto, me raconta Jamil, Jennifer avait tenu à venir accompagnée de Jeff, son mari, et de leurs enfants.

Tous sympathisèrent immédiatement. Au sein de la zone commerciale, le restaurant gastronomique choisi par Jennifer pour impressionner les deux Français proposait une infinie variété de hamburgers surdimensionnés, tous accompagnés soit de « French fries », soit de « French fries ».

Quelques jours plus tard seulement, Jennifer les appela :

– Les contractions ont commencé. Je pars pour la maternité avec Jeff, la naissance des bébés est imminente. Venez me rejoindre.

À bord du 4x4 qui fonçait vers Modesto, conduit par Jamil, Bertram parvint à joindre le Docteur Aimee qui n'était pas encore au courant de la situation.

– C'est effectivement un peu tôt, il y a des risques certains, dit-elle. Cependant, bien que je ne sois pas obstétricienne, je crois pouvoir dire qu'à ce stade les bébés sont parfaitement viables, les rassura-t-elle.

Lorsqu'ils parvinrent à la maternité, Jennifer était déjà en salle de travail à laquelle il était trop tard pour accéder. Bientôt, cependant, une infirmière vint les chercher pour les conduire dans une pièce stérile réservée aux grands prématurés. Les minuscules bébés, bardés de tuyaux et de connecteurs, sous une lumière bleue, les attendaient, assoupis dans leurs couveuses de verre.

– Pour le moment, tout va bien, dit l'infirmière aux parents angoissés. Les prochains jours seront cependant décisifs. Les bébés devront apprendre à réguler leur température, à respirer sans la machine. Et aussi à téter, un réflexe qu'ils n'ont pas encore acquis. Jusque-là, ils resteront dans le service et nous les alimenterons par une sonde. Le garçon est vraiment très petit. Quels noms allez-vous leur donner ?

La semaine qui suivit fut particulièrement angoissante pour les deux pères : jaunisse, infections, perte de poids, arythmie cardiaque, alarmes intempestives déclenchées par les connecteurs, rien ne leur fut épargné.

En outre, la perte de poids qui suit normalement la naissance leur paraissait vertigineuse, s'agissant de si petits bébés. Les médecins ne s'engageaient sur aucun pronostic ni aucune durée.

Ils se rendaient chaque jour à la maternité depuis Berkeley. Dès qu'elle ne fut plus alitée, Jennifer venait elle aussi régulièrement s'enquérir des bébés et soutenir le moral de Jamil et Bertram. Elle habitait à une cinquantaine de kilomètres du centre hospitalier.

À la fin de la première semaine, le médecin responsable du service les reçut : la petite fille avait repris du poids et commençait à téter et à respirer, presque sans assistance. Elle était maintenant hors de danger et, s'ils suivaient très strictement ses instructions, ils pourraient très prochainement l'emmener. Cependant, le petit garçon n'était pas encore sorti d'affaire et devrait rester sur place.

Le jour venu, deux infirmières leur enseignèrent les gestes essentiels. Elles les accompagnèrent jusqu'à la voiture pour vérifier, selon la réglementation californienne, qu'ils avaient bien acquis des sièges bébés conformes et qu'ils savaient comment y installer la fillette. Les Américains ne laissent rien au hasard.

Pour les deux pères, la première semaine fut très compliquée : l'un d'eux devait rester sur place, à Berkeley, en charge de la petite fille dont il fallait assurer les tétées et surveiller de près les progrès, tandis que l'autre se rendrait à la maternité où se trouvait encore le garçon. C'était un long trajet monotone qu'ils décidèrent d'effectuer à tour de rôle.

Dès son deuxième trajet effectué en solitaire, submergé par la fatigue, l'angoisse et l'émotion, Jamil fit un malaise sur l'autoroute, heureusement à proximité de la bretelle de sortie. Il parvint à y engager son véhicule, roulant au pas jusqu'au parking du drugstore situé à proximité. C'est là qu'à peine sorti de la voiture, il s'effondra dans l'indifférence générale.

De son côté, à Berkeley, sans nouvelles de Jamil depuis son départ, Bertram paniquait, imaginant les pires scénarios-catastrophes. Le téléphone de Jamil ne répondait pas. En fin d'après-midi, enfin, celui-ci l'appela : il se trouvait à plus de cent kilomètres, ne savait pas où exactement ni comment rentrer et il était incapable de se faire comprendre en anglais. Jamil tendit son téléphone à la caissière du drugstore qui put expliquer à Bertram où il se trouvait précisément. Bertram téléchargea ensuite l'application Uber, encore inconnue en France, grâce à laquelle il put commander une voiture et un chauffeur pour le retour de Jamil.

Le lendemain, mise au courant de la situation, Jennifer proposa spontanément de venir chercher Bertram, Berkeley se situant pourtant à cent cinquante kilomètres de son domicile, et de le conduire jusqu'au parking où il pourrait récupérer leur véhicule avant de poursuivre jusqu'à la maternité. Ainsi fut fait.

LA PIRE JOURNÉE

« Le Coran ! Sur la tête de la Mouille ! », c'était sa pire journée, si l'on exceptait toutefois le jour où son frère avait voulu le tuer. Elle clôturait une semaine de sourde angoisse, avec cette boule suffocante au creux de l'estomac. Il n'avait pas osé dire sa peur à Bertram qui, sans doute, ressentait les mêmes inquiétudes mais n'en laissait rien paraître. Au contraire même ! Il semblait solide comme un roc, déterminé à surmonter tous les obstacles.

Pour le moment, Jamil avait repris ses esprits. Son corps était bardé de capteurs et un bracelet de papier plastifié avec son nom mal orthographié lui serrait le poignet.

– Je suis à la morgue ! Ils vont me chourer les organes ! s'alarma-t-il.

La grosse infirmière joviale au sourire chevalin resserra le serre-tête sur le chef de Jamil terrorisé, sans cesser de lui prodiguer d'une voix forte et nasillarde instructions et conseils dont il ne comprenait pas un mot. Il déduisit cependant qu'il devait ne pas bouger.

La plate-forme sur laquelle il était allongé recula pour s'enfoncer dans le tunnel, une manière de cercueil cylindrique aux parois blanches dans lequel il était désormais emprisonné. Juste au-dessus de sa tête se déclencha un bruit assourdissant de marteau-piqueur, entrecoupé d'essais de sirènes, que filtrait à peine la paire de gros écouteurs diffusant une musique d'ascenseur dont on l'avait affublé. En panique, il préféra cependant rester immobile, fermant les yeux. L'air lui parut rare, mais il pouvait encore respirer.

Quelques heures plus tôt, sur l'autoroute de Modesto, il s'était senti défaillir, tandis que sa vue se brouillait. La fatigue, le stress, la peur de ne pas être à la hauteur de ses nouvelles responsabilités et cette boule qui continuait de l'oppresser et l'empêchait de respirer. Déjà, au cours de la nuit précédente, il ne s'était pas réveillé pour assurer le biberon de leur petite fille, alors que c'était son tour. Heureusement Bertram, alerté par les vagissements, l'avait remplacé ainsi que pour la tétée suivante, le laissant poursuivre son sommeil agité. Comment faisait-il donc, en ne dormant quasiment pas, depuis la naissance prématurée des bébés ?

C'est donc lui, Jamil, réputé mieux reposé, qui avait été chargé de se rendre à la maternité de Modesto où l'état du petit garçon leur inspirait les plus grandes inquiétudes. Il redoutait l'idée de se retrouver seul, si loin de Bertram, dans cette salle à l'aspect de soucoupe volante où le minuscule bébé avait été isolé.

Les jours précédents, il avait pu observer, incrédule, la multitude de cadrans dont les aiguilles demeuraient obstinément dans le rouge, les alarmes stressantes qui se déclenchaient toutes les cinq minutes, l'énorme piston qui pulsait en permanence du lait dans l'estomac de leur fils au moyen d'un capillaire nasal, l'immobilité du petit garçon dans sa couveuse, son teint jaunâtre sous l'éclairage violet, tout était effrayant, oppressant, surréaliste.

Il n'osait prendre dans ses bras ce petit bout d'homme si fragile relié à une infinité d'électrodes, en dépit des encouragements des infirmières qui se relayaient. Toutes lui étaient apparues compétentes, manifestaient une vraie empathie, mais il ne pouvait communiquer avec elles, son anglais étant par trop rudimentaire. Sauf avec la Mauricienne, bilingue, quand elle était là.

Au prix d'une queue de poisson qui suscita de terrifiants crissements de freins ainsi qu'un concert d'avertisseurs et d'insultes, il parvint à s'engager sur la bretelle de sortie qu'un ingénieur des ponts et chaussées bien inspiré avait eu la bonne idée de placer juste là. À quelques mètres de l'autoroute, il aperçut le parking de la zone commerciale et s'y dirigea avec une lenteur d'escargot.

Sans doute était-ce une crise d'hypoglycémie, il en avait déjà eu, dont une barre chocolatée et un Coca-Cola viendraient facilement à bout. Il posa précautionneusement un orteil mal assuré sur le marchepied du 4x4, puis sur le sol qui lui parut tournoyer. Après une pause, il se rendit d'un pas hésitant au supermarché qui lui faisait face, à l'autre bout du parking. À la caisse, au moment de régler, il s'effondra.

– Overdose ! diagnostiqua immédiatement la caissière.

Son œil avisé avait déjà repéré le junkie, une espèce de Libanais ou de Syrien – il y en avait dans la région –, dès son arrivée dans le magasin : démarche chancelante, tremblote, pâleur de cadavre, rien d'extraordinaire dans ce quartier, surtout depuis l'élection d'un maire démocrate. Le pire était que la responsabilité du magasin pouvait être engagée si les choses tournaient mal. Elle alerta la sécurité.

Confisquant illico la cannette de soda, deux colosses latinos remirent Jamil sur ses pieds, le prirent sous les bras et l'entraînèrent à l'extérieur. Parvenus au milieu du parking : « *Don't ever come back*[43] *!* » dit l'un, « *Can you walk*[44] *?* » demanda l'autre.

Sans attendre la réponse, ils le lâchèrent debout et repartirent sans se retourner, tandis que Jamil s'effondrait à nouveau sans que quiconque ne lui prête attention. Il se traîna jusqu'au plot délimitant la travée et s'y assit, s'efforçant en vain d'alerter les passants.

Il connut des instants de grand découragement qui se transformèrent rapidement en profond désespoir. Enfin, une jeune Haïtienne émue par ses sanglots et ses appels à l'aide en français, la langue qu'elle avait apprise à Port-au-Prince, s'approcha, puis accepta d'appeler les pompiers qui le conduisirent directement à l'hôpital de la ville.

Ce séjour en Californie était l'aboutissement d'un processus de cinq années, lequel avait fonctionné encore mieux qu'il n'aurait pu l'espérer, qui lui avait demandé patience et opiniâtreté, pensait Jamil. Cinq années ? Plutôt sept, si l'on comptait les préliminaires ! Il avait, en effet, littéralement poursuivi Bertram pendant presque deux ans sur le site des Rebeux qui, comme lui, recherchaient

43. Ne reviens plus jamais !
44. Peux-tu marcher ?

de préférence un Français de souche, avant de pouvoir le rencontrer physiquement. Il avait tout de suite deviné, intuitivement, que c'était le bon, qu'il serait « différent » et correspondrait tout à fait à l'idéal qu'il s'était fixé : un grand keum mature, avec des valeurs, qui le respecterait et l'aimerait, qui lui serait fidèle et qui jamais ne l'abandonnerait, avec qui, donc, il vivrait le restant de sa vie, loin des brimades communautaires et du téléphone arabe.

« De plus, il était canon ! En tout cas, à mon goût ! », se remémorait Jamil.

La situation sociale de l'élu lui était indifférente, celle de Bertram constituant finalement une bonne surprise mais peut-être aussi un danger, s'était-il dit, si la différence culturelle apparaissait trop importante. Il avait donc consacré de prodigieux efforts pour s'adapter et ne pas décevoir. Les enfants qui venaient de naître à Modesto étaient la double cerise sur le gâteau, dont il n'avait jamais osé rêver, du moins dans un premier temps, et qui allait donner un nouvel élan à leur amour ainsi qu'un autre sens à leur vie.

Mais voilà : serait-il apte à maîtriser cette nouvelle situation, se demandait-il, sentant la boule d'angoisse se dilater. Et si Bertram disparaissait prématurément – il avait eu récemment des signes d'hypertension –, le laissant seul avec les enfants ? Pour la première fois, la différence d'âge lui apparut prodigieuse, terriblement inquiétante.

Cela n'avait pas du tout été facile. À plus de cinquante ans lorsqu'ils s'étaient rencontrés, Bertram avait forcément déjà un passé chargé qu'il ne lui avait d'ailleurs pas caché.

Le keum n'était plus à l'âge des emballements irraisonnés ni des coups de foudre. Lui, Jamil, était tout de suite tombé amoureux. Après avoir tant fantasmé virtuellement, il n'avait pas été déçu par le personnage « en vrai ».

Un point noir cependant : autour de Bertram gravitaient, il le constata très vite avec inquiétude, une multitude de garçons aux visées suspectes mais aussi des ex (« des passades, des intérimaires, qui sont restés des copains », avait expliqué Bertram) dont on savait qu'ils lui avaient déjà plu et qui présentaient donc un réel danger de retour de flamme, s'il n'y prenait garde. Il parut évident à Jamil que certains n'avaient pas renoncé. Il y aurait donc sévère compétition.

Par rapport à lui, « issu des minorités » comme disait la télé, tous ces garçons partaient avec un avantage tenant à leur appartenance au même monde et au même mode de vie que Bertram. Ils avaient en commun les mêmes centres d'intérêt, avaient les mêmes références. Une concurrence lourde et injustement faussée, mais il était déterminé à se battre !

La guerre, donc, était ouverte et tous les moyens seraient bons. Grâce à la « Touns », sa sœur qui travaillait au service informatique d'un grand groupe, Jamil avait appris comment accéder à distance à un ordinateur ou une tablette à condition d'en avoir récupéré le mot de passe. Et pour cela, il pouvait compter sur la précision de son regard en coin et surtout sur son acuité visuelle particulièrement développée. Bientôt, il eut accès en ligne à toutes les conversations de Bertram sur les réseaux sociaux.

C'est ainsi, alors qu'il était encore sur son Fenwick et que sa position dans la vie de Bertram était loin d'être totalement assurée, qu'il repéra Stanislas, un garçon de La Rochelle. Sur Facebook, le keum venait de demander Bertram en tant qu'ami. Ce dernier s'était empressé d'accepter, alors qu'il avait généralement pour habitude de n'accepter que les gens qu'il connaissait déjà ou que lui recommandaient des amis proches.

« Alerte rouge ! », s'était dit Jamil.

S'ensuivit une correspondance sur la messagerie privée du réseau, dont Jamil ne perdit pas une miette. « Un keum qui ne sert à rien ! Tout à fait insignifiant, constata Jamil, mais plutôt mignon sur les photos, attirant, voire attendrissant, si l'on veut bien se placer du point de vue de ce naïf de Bertram, dut-il reconnaître. Exactement le genre de fadasse dont il pourrait s'enticher », s'inquiétait-il.

Et c'est bien ce qui paraissait se passer. Au grand déplaisir de Jamil qui s'alarmait du nouveau tour qu'elle prenait, la conversation de Bertram et Stanislas, au départ plutôt conventionnelle, devint vite plus intime. De toute évidence, Bertram était flatté de l'intérêt que lui portait le garçon en le prenant pour confident.

Stanislas s'épanchait maintenant sur ses relations compliquées avec sa famille et son milieu professionnel. Bertram prodiguait des conseils, calmait les bobos métaphysiques du garçon, lui remontait le moral, l'encourageait paternellement, sinon affectueusement. Un jour, il dit même au garçon qui doutait de lui-même qu'il le trouvait « plutôt mignon et très sexy ».

« Et voilà ! », fulmina Jamil. Il enrageait de ne pouvoir protester auprès de Bertram, mais il ne pouvait, bien entendu, avouer ses manœuvres d'espionnage.

C'est à ce moment-là que Bertram changea son mot de passe. Jamil, depuis sa Franche-Comté, perdit le fil de la conversation pendant plusieurs semaines et se « retourna les sangs » d'inquiétude. Lorsqu'il put enfin rétablir la connexion après un nouveau week-end chez son amant, ce qui lui permit de réactualiser ses accès, il lut dans la messagerie que le garçon s'apprêtait à venir à Paris.

Jamil reçut l'information comme un coup de poignard et ressentit une intense souffrance. Il comprit que, de fait, Stanislas venait régulièrement dans la capitale où habitait son père et qu'il avait peut-être déjà rendu visite à Bertram, dont il n'était finalement pas très sûr de la capacité à résister à la tentation.

En tout cas, il n'était pas question que cela se reproduise. Remontant le fil de la conversation sur la messagerie, il vit que Bertram et la fadasse avait déjà échangé leurs numéros de portable.

Tremblant de fureur, il décida d'appeler sur-le-champ ledit Stanislas. Il se présenta comme l'amant en titre, menaça la fadasse de lourdes représailles s'il rendait visite à Bertram, lui intima enfin l'ordre de mettre fin à toute relation, qu'elle soit virtuelle ou réelle. Pour plus de sûreté, il le « bloqua » à la fois sur le compte Facebook et le téléphone de Bertram.

Celui-ci ne comprit pas pourquoi le Rochelais avait si brusquement mis fin à leur correspondance et s'en attrista, mais n'en toucha mot.

Cinq ans plus tard, peu avant la naissance des jumeaux, Jamil lui raconta l'épisode afin de démontrer à quel point il s'était battu pour construire, préserver et consolider leur relation.

Bertram fut effaré ! D'autant que Stanislas n'était pas un plan cul ! Seulement le fils d'un ami, aujourd'hui perdu de vue. Il lui avait demandé de conseiller et guider son rejeton qui tentait enfin d'assumer son homosexualité et ne vivait pas très bien la situation. Bertram fut très fâché, mais il admit finalement qu'il y avait prescription et pardonna à Jamil.

Bertram organisait fréquemment chez lui des soirées, voire des brunchs, avec une cinquantaine d'invités. C'étaient des réunions très informelles autour d'un buffet simplissime, chacun apportant une bouteille, arrivant et repartant sans horaire déterminé. L'intérêt principal était le brassage de personnages d'horizons très diversifiés qui prenaient un réel plaisir à se rencontrer ou se retrouver. En effet, habitués de ces « fêtes », la plupart des participants et participantes se connaissaient. De temps à autre, ils venaient accompagnés d'une nouvelle tête qui était aussitôt intégrée.

D'emblée, Jamil détesta ces agapes auxquelles participaient à son goût trop de jolis garçons – « Le Coran ! C'était comme un marché en libre-service ! » – et trop de témoins des frasques passées de son amant. L'un d'eux, Mario, lui déplut particulièrement : tenant Bertram par le cou, ne prêtant aucune espèce d'attention à Jamil qui lui avait pourtant été présenté par le maître de maison, il racontait à la cantonade ses dernières vacances dans la maison de Bertram. Jamil fut ulcéré et ressentit une immense douleur, comme chaque fois qu'un soupçon s'insinuait dans son crâne tourmenté.

– Mais enfin ! dit Bertram le lendemain, je connais Mario depuis des années, s'il avait dû se passer quelque chose, ce serait déjà fait ! Il n'aime que les garçons de son âge !

Mario était comédien. Il invita Bertram « avec la personne de son choix » (« Le Coran ! Ce fils de pute ! ») à la couturière du spectacle qu'il allait interpréter. Le rôle impliquait une scène torse nu qui permettait d'apprécier la plastique avantageuse du comédien, dont il était très fier et qu'il entretenait consciencieusement au cours d'épuisantes séances de musculation.

Sur scène, lorsque Mario retira son tee-shirt, « c'était sûr ! Le bouffon ! », s'esclaffa Jamil à voix haute, suscitant quelques rires gênés dans la salle. Le dîner qui s'ensuivit donna lieu à un combat de coqs que Bertram ne parvint pas à pacifier. Et « le bouffon » sortit lui aussi de la vie de Bertram.

Au bout d'un temps interminable, Jamil sentit enfin la plate-forme bouger en sens inverse. Il reçut une bouffée d'air frais et ouvrit les yeux. La grosse infirmière était toujours là, au fond de la pièce, en compagnie d'un quidam volumineux (« Le Coran ! C'est tout le pays qui est obèse ! »), sans doute le docteur, qui examinait une série d'écrans.

Ils chuchotaient pour ne pas être entendus du patient. Malheureusement sans comprendre, Jamil les entendait pourtant très distinctement en raison d'une hypersensibilité aux sons, presque de l'hyperacousie sans les conséquences douloureuses qui affectent généralement les personnes atteintes de cette anomalie. Jamil n'en connaissait que les avantages, dont il tirait parti sans scrupules. C'est ainsi qu'il était fréquemment en mesure de suivre les conversations téléphoniques de ses voisins, y compris d'entendre le correspondant lointain ou encore de surprendre les commentaires que faisaient de lui-même à l'autre bout de la pièce les amis de Bertram au cours des fameuses fiestas. C'est ainsi encore qu'il apprit, comme l'on sait, l'existence de sa mère biologique.

Son hyperesthésie s'étendait aux autres sens : à la vue, qu'il avait donc incroyablement perçante (merci encore au mage de Tamegroute !) ainsi qu'à l'odorat. Il reconnaissait certaines odeurs, parfois des parfums au bouquet compliqué, pour les avoir perçus une seule fois des années auparavant.

Reprenant son caquetage incompréhensible, l'infirmière lui remit un dossier cartonné rempli de feuilles innombrables et de schémas abscons, et le poussa vers le laboratoire pour la suite des examens.

Prise de sang, analyse d'urine, auscultations et palpations multiples prirent une bonne partie de l'après-midi. Le médecin posait des questions que traduisait par écran interposé un interprète lointain, probablement situé sur un autre continent. En fin d'après-midi, on le relâcha très dubitatif, sinon sceptique : il n'avait rien.

Mais, les jambes toujours flageolantes, il se sentait incapable de reprendre la route. Il devait de toute manière attendre que la batterie de son smartphone soit rechargée, au bureau d'accueil de l'hôpital, pour pouvoir appeler Bertram dont il imaginait l'inquiétude.

À bord de l'Uber qui le ramenait à Berkeley, Jamil continuait de passer en revue les cinq années de vie commune avec Bertram. Le changement avait été radical, une vraie mutation. « Il est tout simplement sorti de sa chrysalide », avait un jour dit Bertram. Mais en lui-même, secrètement, il n'était pas si sûr d'être devenu papillon, du moins s'efforçait-il de convaincre Bertram et ses amis que c'était bien le cas.

C'est vrai qu'il avait enfin trouvé son style vestimentaire, « décontracté, sexy mais de bon goût », approuvé par Bertram qui n'hésitait plus à le traîner aux réceptions auxquelles lui, Jamil, inquiet de ne pas être à la hauteur, se rendait à contrecœur. « J'ai pas toutes les hormones », avait-il un jour déclaré en se frappant le front, à Bertram qui dut le rassurer. Si Jamil n'avait pas toutes les clés, il était bien décidé à les lui donner.

Dans le même temps, le Berbère s'efforçait d'effacer tout ce qui le reliait à son ancienne vie, au monde des cités, au bled qu'il regardait maintenant avec beaucoup de recul, sinon de commisération. Sur Facebook, il montrait à Bertram ses anciens condisciples – il en avait sauvagement bloqué un grand nombre –, se moquant de leurs accoutrements, de leurs centres d'intérêt et de la pauvreté de leur vocabulaire et pour certains, c'était la nouvelle tendance inquiétante, de leurs barbes fournies. Sauf dans l'intimité, lui-même avait renoncé à la plupart de ses expressions les plus imagées ainsi qu'à ses jurons favoris, ce qui, finalement, frustrait Bertram, que la créativité du langage de son amant ravissait.

Au contraire, il l'avait encouragé à ne pas renier ses racines mais plutôt à en tirer le meilleur parti, à jouer sur ses spécificités, et cela s'étendait au plan physique. Pour lui faire plaisir plutôt que par conviction, Jamil avait donc arrêté de défriser ses cheveux, une opération aussi coûteuse qu'imparfaite, dont Bertram qualifiait à chaque fois le résultat de « bizarre ! », ce qui ne manquait pas d'irriter au plus haut point l'intéressé.

Un jour, malgré les fortes réticences de Jamil – dans sa nouvelle logique, il ne voulait plus remettre les pieds au pays des blédards –, Bertram emmena Jamil au Maroc, décidé à lui faire ressentir la richesse culturelle de ce pays magnifique dont il ne connaissait que les côtés médiocres.

La voiture était maintenant à mi-chemin de Berkeley. Le chauffeur Uber avait tenté d'établir le dialogue, mais y avait vite renoncé. Le client, renfrogné sur le siège arrière, ne comprenait vraiment rien. Et les quelques mots qu'il s'était à son tour efforcé de prononcer en anglais étaient totalement incompréhensibles. Que faisait-il dans la Californie profonde, si loin des spots touristiques ? Heureusement, les indications que lui avait données par téléphone l'autre Français étaient suffisamment claires.

De son côté, Jamil était toujours plongé dans ses souvenirs. À Essaouira, il avait présenté Bertram, supposé être son « patron », à Abdelatif, le fameux herboriste de la médina, demi-frère de Khadija, sa mère.

Dans l'échoppe de l'oncle, mille senteurs mélangées lui rappelant agréablement sa petite enfance envahirent ses narines. La menthe du Souss au parfum subtil et spécifique était la plus prégnante. Justement, Abdelatif venait d'ouvrir un flacon, d'huile essentielle de menthe qu'il avait lui-même préparée et que humait une femme asiatique. Se dégageait également une dominance d'arômes délicats de mandarine et de bergamote, masquant à peine une multitude de senteurs épicées que Jamil prit plaisir à retrouver, les yeux presque mouillés de bonheur.

Tout d'abord surpris, presque incommodé par ce galimatias olfactif, Bertram fut vite ébahi par la science de l'herboriste et par ses préparations savantes qu'il commercialisait en Europe et jusqu'au Japon où il s'était rendu à plusieurs reprises, à l'invitation de riches patients. Lors de ses voyages, gardait-il son impressionnante gandourah et sa chéchia ? se demanda Bertram avec amusement.

Dans sa boutique, plutôt vaste et entièrement tapissée d'herbes odorantes et de fioles, des femmes de la tribu, assises sur des kilims, pressaient des amendons. Il vendait aux touristes l'huile d'argan ainsi produite sous leurs yeux. Familier du processus, Jamil expliqua les étapes, heureux d'apprendre enfin quelque chose à son amant.

Pour Bertram, ce fut une révélation : Jamil, par sa mère, était donc aussi apparenté aux tribus berbères du Souss, seule région du monde où poussaient les arganiers, lesquelles détenaient un savoir-faire ancestral dont Jamil était en partie héritier.

– La récolte traditionnelle s'effectue au cul des chèvres, expliqua Jamil, espérant choquer Bertram. Les arganiers de mon oncle Abdelatif sont multicentenaires. Ce sont des épineux, ce qui rend leurs fruits difficiles à approcher.

On lâche donc les chèvres, c'est aussi une espèce endémique qui se joue des épines, capable d'escalader les arbres. Elles avalent les fruits pour n'en manger que l'écorce extérieure. Après transit, elles expulsent les noix qu'elles ne peuvent digérer. Les femmes suivent les chèvres et ramassent. Elles doivent ensuite casser les noix pour atteindre les amendons qu'elles devront presser.

– Difficile à expliquer aux riches clientes de chez Fauchon ! s'esclaffa Bertram.

– L'inconvénient est que cette huile – celle, pas chère, que les touristes achètent dans les souks ou encore aux marchandes ambulantes –, sent le bouc, une odeur qui persiste même après la torréfaction.

– N'y a-t-il pas un autre mode de cueillette ? demanda Bertram.

– Si ! On peut attendre que les fruits tombent en éloignant les chèvres. Mais elles sont partout et les fruits de l'arganier sont leurs friandises préférées, jubila Jamil.

– Comment reconnaître les noix tombées naturellement de l'arbre de celles qui ont été digérées ? interrogea Bertram.

– Les femmes de la tribu ne s'y trompent pas. Cependant, les amendons « naturels » valant beaucoup plus cher, la tentation est grande de mélanger les qualités.

Fier d'étaler son savoir dans un domaine que Bertram ne maîtrisait pas, Jamil expliqua les deux usages traditionnels de l'huile d'argan. Tout d'abord alimentaire : l'huile est un véritable élixir de jouvence, reconnu par de nombreuses études scientifiques récentes et incontestables. Pour l'obtenir, les amendons sont d'abord torréfiés, ce qui donne la couleur ambrée et le fameux petit goût de noisette, apprécié des chefs étoilés mais encore très peu connu du grand public.

Depuis l'Antiquité cependant, on connaît principalement l'autre usage, cosmétique, qui depuis quelques années surtout a donné lieu en Europe à un véritable engouement.

Bertram hocha la tête :

– Des quantités infinitésimales d'huile sont ajoutées à un produit banal, comme un shampoing ou une crème, pour en faire, par la grâce du marketing, un produit miraculeux et dispendieux, dit-il.

– C'est bien ça. L'huile est alors obtenue par le même processus de fabrication, mais celui-ci s'est industrialisé. Dans ce cas, les amendons ne sont pas torréfiés car il est important que le parfum et la couleur de l'huile soient le plus neutre possible avant qu'elle soit mélangée à d'autres ingrédients par l'industrie, ajouta Jamil. En revanche, les femmes berbères utilisent l'huile d'argan pure.

– Elles la pressent elles-mêmes, intervint l'oncle Abdelatif. Le jour de leur mariage, un pressoir leur est offert, qu'elles garderont toute leur vie et transmettront à leur fille ou petite-fille. Certains pressoirs ont plusieurs centaines d'années. Il faut cent kilos de fruits, ce qui ne donne que trois kilos d'amendons, pour obtenir un litre d'huile. C'est pourquoi elle est si précieuse.

La voiture venait de dépasser l'embranchement des deux autoroutes et avait bifurqué vers Berkeley. Recroquevillé à l'arrière, en dépit de l'espace volumineux dont il disposait, Jamil avait trouvé plus commode de faire semblant de dormir. Mécontent, le chauffeur un « African

American » au tour de taille imposant (« Obèse lui aussi ! Le Coran que c'est vrai ! ») avait cependant mis fin à ses tentatives infructueuses de communiquer. Les yeux mi-clos, Jamil poursuivait son flash-back.

Dans l'échoppe du souk d'Essaouira, Bertram semblait plongé dans une profonde réflexion. Le silence devenait un peu gênant, pensa Jamil vers qui s'était tourné, interrogatif, l'oncle Abdelatif.

– Mais oui, bien sûr ! dit subitement Bertram. C'est ce que tu dois faire !

– ??

– Avec des techniques marketing moderne, tu pourrais commercialiser sous ta marque deux huiles – alimentaire et cosmétique – parfaitement bio et artisanales, dont tu contrôlerais la parfaite qualité à chaque étape, depuis la sélection des arbres les plus anciens et des amendons « naturels » jusqu'à l'embouteillage, mettant à profit tes connaissances et tes liens familiaux !

Jamil et Abdelatif sursautèrent.

– Ça, c'est une bonne idée, abonda Abdelatif. Je peux mettre mes vergers à ta disposition ! À tout petit prix, ajouta-t-il avec un sourire rusé.

– Bien entendu, tu devras passer beaucoup de temps sur le terrain et y établir des rapports de confiance, continuait Bertram, afin d'être sûr de presser les bons amendons.

C'était là le problème. Dans sa soif d'intégration à l'univers de Bertram et son rejet du monde antérieur, Jamil n'avait aucune envie de se confronter audit terrain et surtout d'y passer « beaucoup de temps ». L'oncle l'observait avec intensité.

Jamil temporisa :

– C'est vrai qu'il est plus facile d'établir des rapports de confiance avec des membres, même éloignés, de la famille, admit-il.

– *Hamdoullah !*

Abdelatif, ravi, claqua dans ses mains. Une femme à la *melhfa* vaporeuse se précipita pour servir le thé à la menthe.

Non, non et non ! Jamil ne lancerait pas une marque d'huile d'argan.

Après le malaise de Jamil, c'est donc désormais Bertram seul qui effectuait le trajet quotidien, inquiet de laisser leur petite fille sous la garde de Jamil, souffrant et quelque peu déprimé.

À Modesto, dans son berceau de verre sous atmosphère contrôlée, le petit garçon faisait tous les efforts possibles pour atteindre le niveau d'autonomie qu'on attendait de lui. Avec des rechutes fréquentes. Les tétées étaient souvent suivies de régurgitations, le rythme cardiaque trop irrégulier, les épisodes d'apnée trop fréquents. Le médecin obstétricien, tout comme les infirmières spécialisées du service, s'efforçaient de conforter Bertram, visiblement très affecté, au bord du découragement : ils avaient vu passer d'innombrables grands prématurés qui n'avaient ensuite souffert d'aucune séquelle. Pour se rassurer, Bertram se remémorait la naissance de son fils aîné, lui-même grand prématuré, devenu par la suite un solide gaillard.

Après dix jours de forte inquiétude, Bertram fut enfin autorisé à ramener chez eux le second bébé. Au cours des semaines suivantes s'enchaînèrent les doubles tétées : une demi-heure par bébé toutes les trois heures, jour et nuit. Même à deux, c'était épuisant. Il s'agissait dans le même temps d'accomplir toutes les formalités, de satisfaire à toutes les visites médicales et contrôles obligatoires en Californie, en attendant que les bébés aient atteint le nombre minimal de semaines requis pour pouvoir voyager en avion. Ils avaient réservé des billets « business » qui leur permettraient de bénéficier à bord d'une balancelle pour chaque enfant.

À San Francisco, ils obtinrent le passeport américain des bébés en deux jours. « Il ne faut surtout pas passer par une agence spécialisée, c'est en fait une arnaque. Il est plus rapide d'effectuer soi-même toutes les formalités, m'expliqua Bertram, d'autant que la présence d'un parent et de l'enfant est de toute façon indispensable au moment de l'enregistrement du dossier. »

Avant cela, il avait fallu déclarer la double naissance au bureau d'état-civil de Modesto, puis obtenir l'apostille que leur réclameraient les autorités françaises. Ce document n'est délivré qu'à Sacramento, la lointaine capitale administrative de la Californie, que Bertram eut ainsi l'occasion de découvrir.

Le plus dur dans ce parcours fut de faire réaliser les photos d'identité des nouveau-nés selon les prescriptions très précises et impératives de l'administration américaine : fond blanc, cadrage et centrage parfait, yeux ouverts, pas de sourire, deux oreilles visibles : ils durent scotcher des boulettes de coton derrière les lobes des bébés. De nombreuses tentatives furent nécessaires, mobilisant successivement plusieurs photographes, ce qui leur prit quarante-huit heures avant que le résultat ne soit finalement acceptable. Avec leurs passeports américains et la traduction en français de l'acte de naissance mentionnant un seul des deux pères, les bébés n'eurent aucune difficulté à franchir la frontière française à Charles-de-Gaulle.

Dès leur arrivée, ainsi que le leur avait conseillé l'avocate française, Bertram et Jamil écrivirent au consulat français de San Francisco pour demander la transcription des actes de naissance sur les registres français. Par retour, le consulat exigea qu'une reconnaissance de paternité soit au préalable effectuée en mairie. Celle de leur domicile refusa : les enfants avaient déjà un père sur l'acte de naissance américain, la reconnaissance paraissait donc inutile. Le consulat restant ferme sur sa position, ils se rendirent alors chez un notaire, qui fut lui aussi profondément agacé :

– Cette reconnaissance est légalement superflue. Vous êtes victime d'une pure tracasserie administrative, il s'agit d'un abus de droit, s'indigna le notaire.

– Inutile de polémiquer, nous n'avons pas le choix ; même si c'est hypocrite et arbitraire, nous devons en passer par là, répondit Bertram.

Le notaire fit donc diligence tout en précisant sur le document que la reconnaissance faisait double emploi.

La suite fut plus rapide qu'ils ne l'avaient anticipée. Dès réception de l'acte de naissance français, ils demandèrent un livret de famille (toujours avec un seul père), puis effectuèrent les démarches pour obtenir une carte d'identité et enfin un passeport français pour chacun des enfants. Après tout cela, ils purent effectuer une demande d'adoption par le second père, ce qui, à leur grande surprise, ne prit que quelques semaines. Et enfin, ils chargèrent leur avocate américaine de faire procéder à la modification de l'acte de naissance original des bébés pour y inscrire le second père, ce qui en Californie n'est qu'une formalité.

LES « FRENCH LOVE BABIES »

Quelques semaines plus tôt, retirant ses lunettes, le maire de l'arrondissement, conscient de ses effets et de la qualité de l'assistance, avait prononcé un joli discours aux belles envolées lyriques sur l'universalité de l'amour, l'évolution positive de la législation et la nécessité d'être vigilant en cette veille d'élections.

Très ému, Bertram se remémorait les débuts de sa vie sentimentale. À l'époque, les homos (on ne disait pas encore les « gays ») étaient fichés par la police, s'ils étaient repérés, et les bars « sympathisants » étaient clandestins.

Un camarade de lycée qui avait deviné ses orientations – ou plutôt ses interrogations – l'avait emmené au Bilitis, une discothèque fréquentée par des lycéens les jeudis et dimanches après-midi. Ces jours-là, la clientèle était particulière: tous les garçons étaient gays et les filles lesbiennes, c'était la seule discothèque de ce type à Paris. Ce mélange filles-garçons avait sans doute rassuré le commissariat qui n'y effectuait aucune descente, l'établissement étant classé comme discothèque sans histoires fréquentée par des lycéens des deux sexes.

À l'intérieur se succédaient les séries de slows et de danses rythmées. Pendant les slows se formaient donc les couples de garçons et les couples de filles. En cas de contrôle de police, chacun connaissait la consigne : depuis son poste, la caissière activerait l'éclairage de la salle le plus intense, le disc-jockey basculerait instantanément la musique sur un rythme endiablé et les policiers ne verraient que des garçons et des filles dansant frénétiquement sur la piste. Bertram n'assista qu'une seule fois à la visite de la police, laquelle se déroula selon ce schéma, dans une atmosphère relativement bon enfant.

Aucun risque d'être reconnu – et moqué – par ses condisciples du lycée Turgot : ceux-ci préféraient le Golf-Drouot d'Henri Leproux situé à quelques encablures et beaucoup plus branché.

Puis un autre ami emmena Bertram au Fiacre, seule institution parisienne comprenant un bar ouvertement gay ainsi qu'un restaurant gay-friendly, très chic, situé à l'étage. L'établissement était tenu par Louis, son propriétaire, et par Charles, son compagnon.

Un jour, la police avait fait une descente au Fiacre, raflant l'ensemble des convives du bar et du restaurant, remplissant plusieurs paniers à salade :

– Je vous dis que je suis la reine Frederika de Grèce.

– Mais bien sûr !

– Et moi, je suis Bernhard, prince consort des Pays-Bas !

– Mais bien sûr !

– Et moi, Lord Snowdon (beau-frère de la reine Elizabeth).

C'était bien eux, venus s'encanailler chez Louis, que leurs ambassadeurs respectifs vinrent délivrer au commissariat du 6e arrondissement, dès potron-minet, au grand embarras des pouvoirs publics. À compter de ce jour, plus aucune descente de police n'eut jamais lieu au Fiacre.

Connu dans le monde entier (les boîtes gays étaient interdites dans la plupart des pays, l'homosexualité étant même criminalisée en Angleterre, comme à l'époque d'Oscar Wilde), le Fiacre attirait les *beautiful people* de l'Europe entière ainsi que l'intelligentsia gay-friendly de Paris. Aux platines s'activait Béatrice, une jeune fille de bonne famille en rupture de ban qui fit ensuite une brillante carrière dans la haute couture. Ses parents, soupçonneux, lui firent part de leur intention de vérifier si l'endroit était convenable. Prévenu et complice, Louis avait fait fermer la porte habituellement grande ouverte du bar du rez-de-chaussée, de sorte que les parents empruntèrent l'escalier qui menait au restaurant sans apercevoir la clientèle la plus sulfureuse. En haut de l'escalier, Louis les attendait, qui fit le baisemain avant de les installer. À la table voisine, Micheline Presle et Jean Marais dînaient en joyeuse compagnie et leur firent un petit salut de la main. Les parents de Béatrice furent enchantés de leur soirée.

Vedette du monde de la nuit, Louis était une personnalité attachante et appréciée. Il décéda, brusquement, dans la force de l'âge. La famille, rapace dit-on, refusa de laisser la gérance de l'établissement à Charles qui pourtant l'assurait de fait depuis des années. Il fut congédié sans ménagement. La clientèle s'évapora instantanément: plus personne ne fréquenta le Fiacre qui disparut en quelques semaines.

Le concept avait cependant été repris par Fabrice Emaer qui avait déjà ouvert le Pimm's puis le Sept, phare des nuits branchées parisiennes, que Bertram fréquentait désormais assidûment. Quelques années plus tard, Fabrice lança également le Palace, lieu mythique des nuits de folie avec le même mélange de clientèles gay et branchée.

Un soir qu'il dînait au Sept avec Monika, la princesse balte qui était sa maîtresse depuis quelques mois, celle-ci lui dit soudain d'une voix de stentor audible de toute la salle, ce qui paraissait être l'objectif:

– Chérrri ! C'est lundi ! Tu me sors le jour des coiffeurs !

Bertram esquissa un sourire crispé, jetant un regard embarrassé à la ronde. À la table voisine, Alice Sapritch et Thierry Le Luron s'esclaffèrent. D'autant que les deux sœurs Carita choisirent précisément ce moment pour faire leur entrée.

– Qu'est-ce que je te disais ! triompha Monika de la même voix de stentor.

Puis à l'intention des deux sœurs venues lui faire la bise et qui n'avaient pas entendu la première remarque:

– Oui, je disais à l'instant à Bertram et Fabrice que j'espérais bien vous voir ce soir !

Hilarité dans la salle, fou rire sous cape de Fabrice Emaer qui vint leur faire le baisemain.

C'est également au Sept que Bertram rencontra Zoltan, un beau danseur classique athlétique et blond dont la mâchoire carrée et le regard farouche rappelaient les portraits d'Attila. Il l'avait ramené chez lui, au grand dépit de Jacques Chazot qui l'avait honteusement dragué toute la soirée.

– Je suis suédois, lui dit l'inconnu avec un accent indéfinissable.

Bertram l'installa chez lui illico. Pour faire plaisir au garçon, il rapporta de son bureau un magazine suédois dont un article concernait une opération internationale de communication qu'il venait de lancer. Il demanda au « Suédois » de le lui traduire. Grand embarras. Après un long silence, celui-ci lui confessa :

– En fait, j'appartiens à la minorité finlandaise de Suède et je ne parle que le finnois.

Un peu surpris, Bertram revint, le soir suivant, avec un magazine finlandais relatant la même opération. Même embarras. Sommé de s'expliquer, le Suédois confessa être roumain, mais issu de la minorité hongroise de Transylvanie, ne parlant que le hongrois, langue cousine du finnois, se justifia-t-il.

Tout récemment échappé de l'enfer de Ceaucescu, à l'issue de rocambolesques péripéties, il avait honte d'avouer sa nationalité. Très intrigué, Bertram le questionna sur son histoire et fut surpris des dithyrambes du Transylvanien en faveur du dictateur roumain. Il lui fallut plusieurs jours pour comprendre que son amant pensait que leur appartement était truffé de micros, comme au pays.

Il vécut trois ans avec Zoltan, chaque jour apportant son lot de surprises. Un bel après-midi, alors que le Roumain-

Hongrois s'apprêtait à sortir, Bertram le vit ouvrir le réfrigérateur et fourrer subrepticement sous son blouson un... steak. Mécontent d'être surpris, il s'expliqua : il avait rendez-vous au guichet de la Sécurité sociale et pensait que le steak offert à la préposée l'aiderait à faire avancer son dossier ! Bertram parvint à le dissuader, mais Zoltan offrit tout de même des fleurs.

Une autre fois, naturalisé français de fraîche date, Zoltan avait décidé de prendre le risque de retourner pour la première fois en Roumanie, afin de rendre visite à ses vieux parents. L'épisode avait été précédé d'appels téléphoniques au pays, au cours desquels on louait de chaque côté l'énergie visionnaire du camarade-président ainsi que la sagesse éclairée de son épouse tandis qu'on se désolait de la dureté de l'enfer capitaliste dans lequel le pauvre Zoltan était contraint de séjourner.

Si tout allait bien, Bertram et lui avaient ensuite prévu de se rejoindre discrètement en Hongrie pour un séjour touristique, leur relation devant demeurer secrète aux yeux tant des Roumains que des Hongrois. Par prudence, Bertram avait décidé de s'y rendre en voiture. Il se proposait de flâner à travers la Suisse et l'Autriche pendant le séjour roumain de son amant. Cela leur permettrait également d'être plus libres de leurs mouvement en Hongrie, qu'il se proposait de découvrir.

À l'époque, les réglementations hongroise et roumaine obligeaient les visiteurs étrangers à s'enregistrer au poste de police dès leur arrivée. À cette fin, Zoltan se rendit donc au commissariat de sa ville d'origine, dans les Carpates, avec son passeport français tout neuf.

–Tu n'auras pas de problème camarade danseur ! lui déclara-t-on chaleureusement, ici comme en Hongrie, tout est arrangé pour toi. Et dis bien à ton ami français qu'il n'aura pas besoin, lui non plus, de s'enregistrer à Budapest, c'est déjà fait, ils nous l'ont confirmé !

La nouvelle ne surprit pas Bertram, qui avait eu l'opportunité d'effectuer plusieurs voyages d'affaires de l'autre côté du rideau de fer. Un jour en Bulgarie, ayant reçu un message urgent de son bureau parisien, il appela en retour depuis sa chambre d'hôtel. La communication s'éternisait. Soudain, une suave voix féminine intervint : le camarade étranger pouvait-il s'interrompre quelques instants ? Elle devait retourner la cassette...

Un jour, Bertram se trouva à Moscou en même temps que Claude, un de ses amis, directeur de l'activité « Tourisme » chez Diners Club. Cet ami était à la recherche de nouveaux sites à visiter et d'excursions originales pour ses clients fortunés. Il se proposait d'ajouter à sa liste de propositions la laure de la Trinité Saint-Serge, à Zagorsk, autrefois capitale religieuse de la Russie, site aujourd'hui classé au Patrimoine de l'Humanité par l'Unesco, la ville ayant été rebaptisée « Serguiev Possad » depuis lors. À l'époque, la promotion des sites religieux n'était pas du tout la priorité des autorités soviétiques.

–Il n'y a rien à voir à Zargov, camarade ! lui dit-on.

–Mais si ! protesta Claude : le monastère, l'éblouissante cathédrale, les fameuses coupoles, les icones d'une richesse inestimable, la forteresse, le sarcophage de Boris Godounov ! Merci de m'accorder un laissez-passer (il en fallait un pour pouvoir se rendre là-bas) afin que je puisse visiter ces merveilles..

Claude fit miroiter les rentrées de devises que l'ouverture du site ne manqueraient pas de rapporter à l'État soviétique. Rien à faire, le camarade fonctionnaire était inflexible.

Il fit donc intervenir l'ambassade de France qui parvint finalement à lui obtenir l'autorisation requise. Il proposa à Bertram de l'accompagner. En cette période de fonte des neiges et de gadoue, méfiants, ils voulurent acheter des bottes avant d'effectuer le périple. Il y avait un même modèle unique, disponible dans tous les magasins. Mystère de la planification soviétique, cependant, ceux-ci n'avaient reçu que le pied gauche.

À bord d'une Lada de location, ils partirent néanmoins à la découverte de Saint-Serge, distant d'à peine quatre-vingts kilomètres. Hélas, les cartes étaient imprécises, pour ne pas dire dissuasives, les rares panneaux désespérément en cyrillique et le GPS n'existait pas encore. Bref, Claude tourna et retourna, se perdit et finit par tomber en panne d'essence. Deux minutes plus tard, une voiture s'arrêtait en double file. Deux hommes très polis en descendirent :

– Camarade Claude, camarade Bertram, peut-on vous aider ?

La Hongrie était réputée être le pays le plus « ouvert » du bloc soviétique. À Budapest, en effet, ils trouvèrent une ville agréable, bien achalandée et même, à l'époque, plutôt gay-friendly. Arrivé trois jours plus tôt, Zoltan avait eu le temps de découvrir et sélectionner les meilleurs lieux de Buda, la ville basse, et de Pest, sur les hauteurs. Il emmena Bertram aux fameux bains alimentés par une source thermale vestige de l'époque ottomane au décor somptueusement baroque. Il l'emmena également sur le Danube ou avait été construite une très agréable piscine découverte, avec solarium. La clientèle était presque entièrement composée d'hommes, dont un grand nombre de gays. L'arrivée des deux Français (Zoltan s'était présenté comme tel, se gardant bien de montrer qu'il comprenait la langue locale) fit sensation. Ils furent choyés et courtisés.

De Budapest, Zoltan et Bertram prirent la direction de la puszta, la fameuse steppe hongroise autrefois terre des cavaliers gardiens de troupeaux. Ils se mirent en quête d'un hébergement et sonnèrent à la porte d'un kolkhoze recevant des invités.

– C'est complet ! leur dit la responsable en anglais, n'interrompant qu'un instant sa conversation en hongrois avec ses collègues.

– Elle vient de dire qu'elle avait assez de travail comme ça, traduisit Zoltan. Montre tes deutschemarks !

Ce que Bertram fit. Miracle, une chambre se libéra instantanément ! En fait, ils étaient les seuls clients du kolkhoze.

Le lendemain, la fille de la responsable leur proposa une balade à cheval dans la puszta, toujours en deutschemarks. Ils acceptèrent avec joie. Elle les conduisit dans une immense écurie où s'entassaient une centaine de chevaux, plutôt mal entretenus. Il fallait choisir une bête pas trop décharnée ni trop abîmée, les plaies étaient nombreuses, puis la « capturer » et enfin la harnacher soi-même. Pour enfin la monter.

Ils partirent au grand galop, à travers les cultures et les blés, sans se soucier des dégâts. C'étaient les blés d'un autre kolkhoze, c'est-à-dire de l'État, c'est-à-dire encore, de personne, tout le monde s'en fichait. Pour Bertram, c'était une impression très étrange, à la fois de gâchis et de liberté absolue.

Enivrés d'espace, les chevaux gagnèrent la prairie, la puszta enfin !, en une course folle que rien ne pouvait arrêter. Ils croisèrent quelques tentes très primitives : des soldats russes isolés de la population qui les détestait : « l'occupant », leur dit leur guide en crachant. Ils vivaient de rapines, prélevant ce dont ils avaient besoin dans les champs, dans l'indifférence générale puisque ces cultures n'appartenaient à personne, leur expliqua-t-elle, sauf à l'État qui était de toute manière chargé de les entretenir.

De temps à autre, au gré des rares bosquets, ils aperçurent des chars à demi camouflés, avec leur équipage désœuvré.

Enfin, ils virent au loin un chemin sur lequel galopait un duo de cavaliers faisant mine de ne pas les regarder.

– La Gestapo ! ricana leur guide.

Jusqu'au fond de la puszta, en dépit de leur folle cavalcade, ils étaient surveillés.

Sur son pays, la Roumanie, et l'absurdité des situations qu'il y avait vécues, Zoltan était intarissable. Un jour, raconta-t-il à Bertram, le « Conducator[45] » et son épouse effectuaient, une fois de plus, la tournée des provinces dans leur train exposition particulier. Les enfants des écoles, les ouvriers des usines étaient comme à chaque fois réquisitionnés dès potron-minet pour attendre le train pendant des heures, accueillir par des hourrahs

45. Le « guide », titre dont aimait s'affubler le « camarade-président ».

les illustres voyageurs, agiter des petits drapeaux et écouter la logorrhée du camarade président. Il venait inspecter la production « locale ».

Celle-ci consistait en une vache bien grasse, un mouton obèse, un cochon bien récuré ainsi que diverses productions agricoles exceptionnelles démontrant les succès du régime, que le camarade-président passait consciencieusement en revue. En fait, toujours les mêmes, qu'il connaissait bien, puisqu'ils étaient à chaque étape débarqués du train officiel.

Dans la réalité quotidienne, la seule nourriture disponible dans le pays depuis plusieurs années était la mortadelle de soja, les boucheries ne proposant que des fleurs. En effet, sous la houlette de la camarade Elena, épouse du Conducator qui, selon son avantageuse biographie officielle, était ingénieure pétrochimiste, les usines agroalimentaires ne produisaient plus que des billes de polystyrène que le pays ne parvint jamais à exporter, même vers les pays frères.

Or, ce jour-là, un rat avait eu la mauvaise idée de se promener sur le dais surplombant la tribune officielle, pendant l'interminable discours.

– Tuez-le ! crièrent les premiers rangs, pointant l'animal du doigt.

Et des derniers rangs, d'où l'on ne pouvait apercevoir la bestiole, des voix s'élevèrent :

– Et sa femme aussi !

L'année suivante, ils visitèrent le Sud tunisien et séjournèrent dans une oasis près de Tozeur, aux confins de la Libye. Le Sahara Palace, seul hôtel du lieu à l'époque, surplombait magnifiquement l'extraordinaire « Corbeille de Nefta » , une palmeraie encaissée, paradisiaque, irriguée par des sources d'eau bouillante. Le portier de l'hôtel leur proposa de les emmener le soir, après ses heures de travail, dans une source thermale que seuls connaissaient les autochtones. Ils acceptèrent.

Il s'agissait de descendre à la nuit tombée dans une sorte de puits d'un mètre et demi de diamètre, au moyen d'une corde et de marches creusées dans la glaise. Plus bas, la cavité éclairée par des chandelles s'élargissait. Une douzaine de jeunes hommes étaient déjà là, barbotant dans un mètre d'eau soufrée aux excellentes vertus dermatologiques.

Le physique de Zoltan, grand, blond, musclé et, dans une moindre mesure, celui de Bertram firent merveille. Mille mains les touchaient, les palpaient, les caressaient, ébouriffaient leur cheveux. Ils eurent beaucoup de mal à repousser, avec gentillesse, toutes ces avances. Ils comprirent cependant ce que signifiait l'accueil chaleureux des gens du désert.

Quelques jours plus tard, les cheveux encore dressés sur la tête en raison du bain de soufre, ils décidèrent de pousser un peu plus loin dans le désert, à bord de leur Renault Douze de location. Ils roulaient sur une grande étendue de sable durci par le sel. Un panneau surréaliste, toujours visible aujourd'hui, indiquait « Mirages » avec une flèche donnant la direction. De fait, la réverbération du soleil sur le sel produit un phénomène optique particulier : le voyageur croit apercevoir une immense étendue d'eau au-dessus de laquelle flottent les rares objets. C'est ainsi que, se frottant les yeux, ils distinguèrent à l'horizon une caravane de plusieurs dromadaires progressant dans le ciel, au-dessus de ce qui paraissait être un lac sans fin. Bien entendu, ils accélérèrent pour vérifier la réalité du mirage. Le lac reculait au fur et à mesure de leur progression, mais il y avait bien une caravane. À la queue leu leu, des dromadaires avaient traversé le désert d'un pas nonchalant pour rapporter... des fagots! Deux chameliers et un adolescent terriblement crasseux suivaient à pied, les regardant venir en riant. Bertram ne put s'empêcher de se remémorer les récits qu'on lui avait faits, mais peut-être ne s'agissait-il que de fantasmes, décrivant le départ des caravanes, les hommes emmenant toujours un adolescent destiné à compenser l'absence des femmes. C'est à cet instant que Zoltan, émerveillé, s'exclama: «Qu'il est beau, le chameau!» Aussitôt, l'adolescent, arborant son plus beau sourire, se frappa plusieurs fois la poitrine, répétant: «Il est beau, il est beau!» Ils déclinèrent poliment l'invitation, en dépit de l'exotisme de la situation.

De retour à Paris, ils retrouvèrent Agnès, qui était venue, chaque jour de leur absence, fournir les deux chats de Bertram en croquettes, litières et caresses affectueuses. Quelques jours avant le départ, Bertram s'était inquiété de n'avoir trouvé aucune solution pour faire garder ses chats

–J'en ai parlé à Agnès, ma copine du Centre de danse de la rue de Clichy, dit Zoltan. Elle s'entraîne là-bas tandis que je donne mes cours de danse. Elle serait ravie de s'en occuper, elle adore les chats.

– Mais je ne la connais pas.

– Si, tu l'a déjà vue au Centre, elle est de toute confiance, assura Zoltan.

La veille du départ, Agnès vint donc récupérer les clefs, faire la connaissance des chats et se familiariser avec l'appartement. Assis à son bureau, Bertram laissa Zoltan lui montrer les lieux et lui donner leurs dernières instructions. Il la trouva charmante : une étudiante en espadrilles, jean et gros pull, sans maquillage, un peu timide, semblait-il.

Au retour, les chats paraissant bien portants, Zoltan remercia la jeune fille qui rendit les clefs et disparut.

Après réflexion, Bertram s'en voulut d'avoir été aussi froid avec l'étudiante, laissant Zoltan régler l'affaire tandis que, le nez dans ses papiers il l'avait tout juste saluée.

Pris de remords, il dit à Zoltan :

– Je sais bien qu'elle a fait tout ça par gentillesse pour toi, mais je crois qu'il faut insister, avec délicatesse, pour la rémunérer. Une étudiante a toujours besoin d'argent.

– Mais elle n'a pas besoin d'argent, rétorqua Zoltan, elle gagne très bien sa vie ! Comme mannequin !

– Mannequin ? Cette jeune fille insignifiante ? Et que mannequine-t-elle donc ? demanda Bertram, incrédule. Comment s'appelle-t-elle ?

– Je te l'ai déjà dit, Agnès de La Phalange ! Elle est mannequin-vedette pour Lagerfeld.

– Mais pas du tout ! répondit Bertram. Le mannequin-égérie de Karl Lagerfeld, c'est..

Mon Dieu ! réalisa-t-il brusquement : Inès de La Fressange qu'il adorait venait de garder ses chats, chez lui, pendant quinze jours. Il ne l'avait pas reconnue et lui avait à peine adressé la parole ! Comment réparer sa muflerie ?

Hélas, il ne la revit jamais.

À Paris, Zoltan, tout comme un grand nombre de réfugiés ayant fui plus ou moins légalement leur pays, fréquentait assidûment l'ambassade de Roumanie. Il y retrouvait d'ailleurs l'évêque orthodoxe roumain de Paris soucieux de ne pas perdre le contact avec ses ouailles. Il était, soupçonnait Zoltan, sans doute rémunéré par les autorités roumaines, ou bien elles le faisaient chanter, à cette fin. Chacun ayant encore de la famille là-bas, il était essentiel de montrer que l'on n'était pas hostile au régime et que l'on participait volontiers aux improbables célébrations officielles, telles l'anniversaire du Conducator ou de son épouse, ou encore les conférences ubuesques organisées par les fonctionnaires de l'ambassade.

À force de montrer patte blanche, Zoltan obtint du consulat la permission d'inviter en France l'un de ses parents, l'autre devant bien évidemment rester otage en Transylvanie. Il choisit sa mère, médecin du travail retraitée. Le voyage devait s'effectuer obligatoirement en train, presque trois jours de voyage. Il lui avait envoyé des devises pour le trajet qui lui furent confisquées à la sortie du pays, ainsi d'ailleurs que ses provisions. De sorte que la vieille dame passa deux jours complets sans boire ni manger, ni pouvoir se changer dans les trains capitalistes.

Bertram fut ému aux larmes, sur le quai de la gare, devant la vieille dame sans bagages, un fichu noué sous le menton, portant des vêtements d'un autre âge et sentant la transpiration.

À Paris, pas question pour Zoltan d'avouer à sa mère son mode de vie. Pendant la durée du séjour, il dormit sur un matelas dans le salon tandis qu'elle occupait « sa » chambre, en réalité la chambre d'amis.

Ils l'emmenèrent faire les courses : le supermarché de la porte d'Auteuil venait d'être inauguré. Elle dut s'asseoir, éclatant en sanglots : jamais elle n'avait vu autant de victuailles réunies.

Quelques jours plus tôt en Roumanie, une voisine avait sonné à sa porte : « Viens vite ! Ils ont reçu du papier toilette ! » Pour la première fois depuis trois ans. Elle s'était précipitée, comme tout le quartier. Hélas, il n'y en avait déjà plus.

Grâce à ses relations professionnelles, Bertram lui organisa la visite de l'usine Pernod de Créteil que surplombe la fameuse pyramide inversée. C'était un établissement ultra-moderne et presse-boutons où, sur la chaîne, des employés à la mine heureuse effectuaient essentiellement un travail de contrôle. La vieille dame était ébahie.

– Mais chez nous, dans les usines, il y a des crèches pour les enfants du personnel, avança-t-elle dans un élan de fierté.

– Madame, lui répondit le médecin du travail de Pernod, dans une distillerie, il serait interdit d'installer une crèche.

Elle se recroquevilla, vaincue.

Deux semaines plus tard, il lui fallut quitter le pays des merveilles. Elle repartit avec tristesse, ses valises remplies de provisions, contente cependant que son fils ait pu échapper à l'enfer des Ceausescu.

Bientôt, le monde allait entrer dans les années sida. Fabrice, du Palace, disparut. Et aussi Noureev, dans la troupe duquel Zoltan avait trouvé refuge, à l'Opéra de Paris.

Dans la très jolie salle de mariage se pressaient une cinquantaine d'invités autour de Bertram et Jamil, rayonnant dans son beau costume Armani. Aucun membre de sa famille, cependant, pas même les sœurs qui, jusqu'à ce jour, ignorent que leur frère est marié et risquent de l'apprendre en lisant ce récit. Les deux amants avaient précipité la cérémonie afin de pouvoir décoller dès le lendemain.

À Modesto, l'équipe médicale de l'hôpital choisi par Jennifer envisageait déjà de hâter la délivrance et les attendait avec impatience pour la naissance des *French love babies*.

TÉLÉPHONE ARABE : « OULAD SAADA[46] ! »

– Deux petites merveilles ! dit Zohra dans le combiné. Ça y est ! J'ai vu les jumeaux : tout blonds avec des yeux bleus comme des piscines. Ils sont absolument adorables. La petite fille est trop chou ! J'ai dit à Bertram qu'ils ne ressemblaient pas à notre frère ! Mais, tout comme Jamil, il m'a répondu que les enfants étaient le portrait craché de leur mère, une Américaine d'origine hollandaise. Il est clair que les gènes bataves ont pris le dessus !

J'ai pris des photos pour la Mouille. Je suis sûre qu'elle meurt de curiosité ! Pas sûr qu'elle les montre au Bouille qui ne veut pas entendre parler de Jamil. J'espère que tout ça s'arrangera. En tout cas, elle ne les montrera pas à cette brute de Tawfik qui n'est même pas au courant de leur naissance.

J'ai aussi envoyé les photos à notre sœur de Franche-Comté. Mais Karima ne m'a pas répondu, je crois qu'elle est choquée, continuait de soliloquer Zohra.

46. Les enfants du bonheur.

– Mais tu n'as donc pas vu leur mère ? interrompit Sabrina.

Zohra leva les yeux au ciel. La « Touns » ne comprendrait donc jamais rien. Lorsque Jamil était arrivé à Paris, à l'improviste, elle l'avait hébergé secrètement pendant quelques jours. Mais elle ne pouvait le cacher plus longtemps, c'était trop risqué pour lui et pour elle-même, si jamais Tawfik, leur frère détesté et redouté, découvrait son lieu de résidence.

À l'époque, la « Touns », son autre sœur parisienne bientôt informée de cette arrivée intempestive du petit frère, ne voulut pas prendre le risque non plus. Elles avaient chacune leur famille qu'elles ne pouvaient exposer.

Heureusement, Jamil s'était rapidement trouvé un emploi et avait déménagé, son patron ayant accepté de le loger chez lui. Une chance !

Jamil venait la voir presque tous les week-ends, et souvent restait dormir, ce qui enchantait sa fillette que Jamil avait toujours gâtée.

Très vite, il l'avait invitée en retour chez lui, ou plutôt chez ce Bertram, un patron très accueillant et amical, mais quelque peu distant. Quelques semaines plus tard, il l'avait à nouveau invitée en même temps, cette fois, que leur autre sœur parisienne, la « Touns » et ses filles. Tous ensemble, ils avaient appelé Aziza, la troisième sœur qui rongeait son frein à Montauban.

À cette occasion, en visitant à nouveau l'appartement de Bertram, il avait semblé à Zohra qu'une seule chambre était réellement occupée, le désordre de l'autre paraissant artificiel. Ce qui relança ses doutes, qu'elle s'abstint de partager avec ses sœurs.

Ce n'était que des doutes. Difficile, en effet, d'imaginer le patron de Jamil, un type élégant, cultivé, charmant et d'un certain âge, s'adonnant à de pareilles perversions. La rumeur venue de Franche-Comté par le téléphone arabe n'était assurément qu'une hypothèse malveillante qu'elle regrettait d'avoir considérée ou même écoutée.

Elle s'en était pourtant, et plusieurs fois, longuement entretenue avec Aziza, sa sœur de Montauban, et les deux s'étaient mises d'accord pour n'accorder aucun crédit à ces persiflages malsains.

D'un autre côté, il n'y a pas de fumée sans feu ! ne pouvait-elle s'empêcher de penser. D'autant qu'il y avait cette rage meurtrière de Tawfik contre Jamil, qui demeurait difficilement compréhensible, même s'il lui avait toujours manifesté une grande hostilité.

Aujourd'hui, cette brute de Tawfik devait s'en mordre les doigts. Au cours d'une bagarre avec le vigile du supermarché qui lui aurait manqué de respect, il l'avait à moitié assommé. Le commissaire risquait de ressortir le dossier du rappel à la loi dont le colosse avait déjà écopé. Leur père commençait, enfin, à se poser les vraies questions.

Pour ce qui était de l'altercation qui avait provoqué la fuite de Jamil, Tawfik ne s'était jamais expliqué car « ce n'était pas un sujet pour les femmes ». Cependant, elles avaient imaginé, entre sœurs, quelle pouvait en être la raison.

Depuis la Franche-Comté, Karima, leur aînée toujours installée sur place, à proximité de la maison familiale, avait confirmé que Tawfik avait, en effet, fait état de ses soupçons au Bouille (elle avait surpris la conversation), les présentant comme des informations vérifiées. Peut-être, après tout, n'était-ce pas seulement des racontars ?

Impossible, cependant, de s'en ouvrir à la « Touns », tellement bornée.

Avant qu'elle ne les surprenne, Aziza et elle-même, toutes deux majeures et mariées, n'avaient pas osé lui avouer qu'elles fumaient, pour ne pas la choquer. Ni que leurs maris et elles-mêmes n'observaient pas forcément tout le jeûne du Ramadan, ce qui d'ailleurs était permis si l'on avait une raison valable. Alors, comment pourraient-elles lui faire part de leurs spéculations sur les préférences amoureuses de Jamil ?

En tout cas, depuis son installation à Paris, le petit frère avait beaucoup changé, en bien, sans doute en raison de ses nouvelles fréquentations et de Bertram dont elle percevait l'influence. Il s'habillait désormais avec un goût sûr, sans ostentation, sans marques apparentes, au contraire de leurs anciens copains de la cité dont la préoccupation première était de montrer qu'ils avaient prospéré, par l'étalage de leur garde-robe siglée et des breloques les plus voyantes. Son langage lui-même avait évolué, était plus réfléchi, même si le petit frère avait conservé l'accent de la Mouille. Elles en avaient plusieurs fois discuté entre sœurs, s'émerveillant de la métamorphose réalisée en si peu de temps. Dommage que leurs parents ne puissent pas le constater, la Mouille aurait sûrement été fière de son rejeton.

Dès sa première visite chez Bertram et Jamil, la « Touns », après les salamalecs d'usage et plusieurs rations de thé à la menthe préparé par Jamil, accompagné des inévitables cornes de gazelle, s'était efforcée de tirer discrètement les vers du nez de Bertram, le patron de Jamil. Celui-ci officiait alors en cuisine, c'était donc l'occasion propice : Bertram connaissait-il la petite amie de leur frère ? Sûrement une *gwère,* se désolait-elle intérieurement, puisqu'il n'osait pas la leur présenter. Mais Bertram était une tombe : il prétendit qu'il ne savait pas et son ton était définitif ! Elle n'osa donc pas insister, intimidée par le personnage.

Le plus étonnant avait été le lancement par son frère de « L'Argan de Jamil », en association avec Bertram. Elle avait été très surprise que son frère s'investisse dans un business en rapport avec le bled où aucun enfant de la fratrie, si l'on excepte Tawfik, ne voulait remettre les pieds.

C'étaient deux huiles d'argan remarquables. Ses sœurs et elle-même en avaient reçu un petit stock qu'elles avaient été chargées de faire tester par leurs copines dans le cadre de l'étude de marché préalable au lancement. Elles seraient commercialisées en plusieurs conditionnements très haut de gamme, de taille différente, uniquement dans les meilleures épiceries fines et les bonnes parfumeries.

Sur le coffret, une photo de Jamil illustrait un texte dans lequel il expliquait en quelques mots la vie des Berbères du Souss, les bienfaits de son huile au mode de production ancestral.

Elle avait même lu l'interview d'un grand chef, que lui avait fait passer Zohra, expliquant pourquoi il n'utilisait que cette huile. Il y avait eu beaucoup d'autres articles, grâce aux relations de Bertram, semblait-il.

Le plus surprenant – mais c'était logique pour surveiller son business – avait été l'installation du petit frère au bled, lui qui avait toujours dit « Jamais ! Jamais ! ». Avec son associé Bertram, ils avaient acheté un riad magnifique (elle avait vu des photos époustouflantes !) qu'ils restauraient et dans lequel ils passaient déjà la moitié de l'année. Ses sœurs et elles-mêmes y seraient invitées dès la fin des travaux.

Selon Zohra, l'intention de Jamil était de s'installer définitivement au Maroc, dès que les enfants seraient en âge d'y fréquenter la maternelle. D'ici là, ils seraient une moitié de l'année à la crèche des Francs-Bourgeois, et l'autre moitié au bled où les attendait avec impatience la nounou.

– Écoute, Sabrina, risqua enfin Zohra dans le combiné, il n'y a pas vraiment de mère. Tu sais bien qu'aujourd'hui, aux États-Unis, on peut faire des enfants comme l'on veut, sans avoir besoin d'une épouse. C'est ce que Jamil a fait pour garder sa tranquillité, il ne veut pas se marier. Réfléchis : le mariage n'est pas la panacée, nous sommes toutes les quatre divorcées !

La « Touns » coupa le haut-parleur : ses filles étaient dans la pièce. Elle était abasourdie. Elle avait vu un reportage sur la fécondation in vitro, laquelle lui était alors apparue comme de la science-fiction.

– Tu veux dire que nos neveux ont été conçus dans une éprouvette ? demanda-t-elle, à la fois incrédule et très excitée.

Un an plus tôt, leur sœur aînée Karima, depuis la Franche-Comté, lui avait expliqué sur un ton réprobateur que leur frère, trop indépendant, n'aurait sans doute jamais d'épouse ni d'enfants, ce qui l'avait fortement contrariée. Aujourd'hui, cette fécondation in vitro lui paraissait donc miraculeuse, même si, à l'évidence et selon la description des bébés que faisait Zohra, la mère biologique n'était pas berbère et probablement même pas musulmane. Elle examina cette éventualité, la mine renfrognée, signe d'une intense réflexion.

Finalement, un sourire illumina son visage. « *Yalla*[47] *!* », se dit-elle. Dévorée de curiosité, elle attendit donc avec une impatience grandissante que leur frère l'invite, elle et ses filles, à venir voir *Oulad saada*, les enfants du bonheur !

47. Allons-y.